Gott liebt dich!
Die Kinderbibel

Adonia

Bibliografische Information der Deutschen Nationalbibliothek

Die Deutsche Nationalbibliothek verzeichnet diese Publikation in der Deutschen Nationalbibliografie; detaillierte bibliografische Daten sind im Internet über www.dnb.de abrufbar.

3. Auflage
© Adonia Verlag, CH-Brittnau

Umschlag: Claudia Kündig
Illustrationen: Claudia Kündig
Text: Markus Hottiger
Lektorat: Brunnen Verlag Basel
Satz: David Hollenstein

ISBN 978-3-03783-124-3

www.adonia.ch

Inhaltsverzeichnis

Altes Testament

Neues Testament

Findest du diese Tiere?

Auf jedem Bild hat sich eines
dieser Tiere versteckt!

Altes Testament
Adam und Eva

Die Erschaffung von Adam

Am Anfang machte Gott den Himmel und die Erde, das Licht, das Meer und alle Pflanzen. Er betrachtete alles und sah, dass es gut gemacht war. Dann schuf Gott zwei große Lichter und viele kleine Lichtpunkte: Sonne, Mond und Sterne. Danach machte Gott auch alle verschiedenen Tiere. Er segnete sie und sagte: »Vermehret euch!«

Am sechsten Tag schließlich erschuf Gott den Menschen.

Zuerst war der Mensch Adam noch allein. Er lebte mit allen Tieren zusammen im Garten Eden. Er durfte ihnen einen Namen geben.

Doch Adam fühlte sich oft sehr allein. Er hatte niemanden, mit dem er sich unterhalten konnte. Gott sah das Problem von Adam und ließ ihn in einen tiefen Schlaf fallen.

Findest du die Schnecke auf den nächsten Bildern?

Gott erschuf Eva

Gott entnahm Adam eine Rippe, versorgte seine Wunde und schuf dann aus dem Material der Rippe eine Frau. Dann brachte er sie zu Adam.

Mann und Frau gehörten nun zusammen. Sie waren beide nackt, aber es war ihnen überhaupt nicht peinlich.

Leben im Paradies

So lebten Adam, Eva und alle Tiere mit den Pflanzen im Paradies, das Gott für sie angelegt hatte. Es gab keinen Streit, keine Schmerzen und keine Probleme. Alles war gut!

Gott sagte zu Adam und Eva: »Ihr dürft von allen Früchten essen. Nur die Früchte vom Baum mitten im Garten dürft ihr nicht essen, sonst werdet ihr sterben.«

Versuchung

Doch die Schlange war listiger als alle anderen Tiere im Garten. Sie fragte Eva: »Hat Gott wirklich gesagt, dass ihr nicht von allen Früchten essen dürft?«

Eva antwortete: »Natürlich dürfen wir von den Früchten essen. Nur die Früchte vom Baum mitten im Garten dürfen wir nicht essen, sonst würden wir sterben.«

Die Schlange antwortete: »Unsinn! Ihr werdet auf keinen Fall sterben. Gott weiß nämlich, dass ihr genau so sein werdet wie er. Ihr wisst dann auch, was gut und was böse ist. Ihr werdet megaklug sein!« Die Frau schaute den Baum an. Sie konnte nicht widerstehen, pflückte eine Frucht und biss hinein.

Schnell reichte Eva die Frucht Adam. Auch er aß davon. In diesem Moment gingen beiden die Augen auf, und ihnen wurde bewusst, dass sie nackt waren. Hastig flochten sie Feigenblätter zusammen und machten sich einen Lendenschurz.

Am Abend, als ein frischer Wind aufkam, hörten sie, wie Gott, der Herr, im Garten umherging.

Adam und Eva verstecken sich

Ängstlich versteckten sie sich vor Gott hinter den Bäumen. Aber Gott rief: »Adam, wo bist du?« Adam antwortete: »Ich hörte dich im Garten und hatte Angst, weil ich nackt bin. Darum habe ich mich versteckt.«

»Hast du von den verbotenen Früchten gegessen?«, fragte Gott weiter.

»Ja«, gestand Adam. »Aber die Frau, die du mir gegeben hast, hat mich dazu angestiftet«, verteidigte sich Adam.

»Warum hast du das getan?«, fragte Gott Eva.

»Die Schlange hat mich verführt!«, verteidigte sie sich.

Gott gab Adam und Eva Kleider aus Fell. Aber sie durften nicht länger im Paradies leben, sonst würden sie womöglich auch noch vom Baum essen, dessen Frucht ermöglicht, ewig zu leben!

Die Vertreibung aus Eden

So schickte Gott die beiden aus dem Garten Eden fort und gab ihnen den Auftrag, den Ackerboden zu bebauen. An der Ostseite des Gartens stellte Gott Engel mit flammenden Schwertern auf. Sie sollten den Weg zu dem Baum bewachen, dessen Frucht ewiges Leben schenkte.

Adam und Eva bekamen Kinder. Zwei Kinder, Kain und Abel, kamen überhaupt nicht miteinander aus. Es war so schlimm, dass eines Tages Kain seinen Bruder erschlug.

Noah

Bau dir ein Schiff aus Holz

Die Menschen wurden immer zahlreicher und breiteten sich auf der Erde aus. Gott sah, dass die Menschen sehr böse waren. Der Herr wünschte, er hätte sie gar nie erschaffen. Doch ein Mensch lebte so, wie es Gott gefiel, und hörte auf ihn. Er tat, was in Gottes Augen gut war. Der Mann hieß Noah. Er hatte drei Söhne: Sem, Ham und Jafet. Niemand sonst wollte von Gott etwas wissen. Da sprach Gott zu Noah: »Ich habe beschlossen, die gesamte Menschheit zu vernichten!«

Noah bekam den Auftrag von Gott, für sich, seine Familie und für je ein Männchen und ein Weibchen von allen Tieren ein Schiff zu bauen. Das Schiff sollte drei Stockwerke haben, 150 m lang, 25 m breit und 15 m hoch sein. Natürlich musste das Schiff auch ein Dach und eine Tür haben, denn Gott wollte eine große Wasserflut schicken, welche die ganze Erde überschwemmen sollte. Kein Lebewesen sollte verschont bleiben.

Findest du die Maus auf den nächsten Bildern?

Die Arche steht bereit

Als die Arche fertig war, sagte Gott: »Noah, geh mit deiner Frau, deinen Söhnen und Schwiegertöchtern ins Schiff. Nimm von jedem Tier ein Paar, damit keine Tierart ausstirbt. Nimm auch genügend Nahrung und Tierfutter mit! In einer Woche will ich es vierzig Tage ohne Unterbrechung regnen lassen, damit alle Lebewesen, die ich geschaffen habe, umkommen.«

Noah befolgte alles genau so, wie es der Herr befohlen hatte. Noah war bereits 600 Jahre alt, als der große Regen kam. Als alle in der Arche waren, schloss Gott selber die Tür zu.

Vierzig Tage Regen

Es geschah so, wie Gott es vorhergesagt hatte. Es regnete und regnete. Die Regentropfen prasselten auf die Arche. Noah und seine Familie spürten, wie das Schiff zu schaukeln begann. Bald waren auch sämtliche Berge vom Wasser bedeckt. Das Wasser stand sogar sieben Meter über dem höchsten Berg. Alle Menschen und alle Tiere, die nicht in der Arche Zuflucht gefunden hatten, ertranken. Niemand konnte sich selbst retten. Das Wasser blieb 150 Tage auf seinem höchsten Stand.

Kein Land in Sicht

Gott hatte Noah und die Tiere auf dem Schiff nicht vergessen. Er sorgte dafür, dass Wind aufkam, der das Wasser langsam zurückgehen ließ. Plötzlich spürten Noah und seine Familie einen Ruck. Das Schiff war auf einen Berg aufgelaufen. Sie warteten nochmals vierzig Tage, da ließ Noah einen Raben aus dem Dachfenster losfliegen. Der kam aber wieder zurück, weil er kein Land fand. Dann ließ er eine Taube los, aber auch die kam wieder zurück, weil sie sich nirgends aufs Land setzen konnte.

Land in Sicht

Noah wartete nochmals sieben Tage, bevor er erneut eine Taube losschickte. Diese kam erst gegen Abend zurück und brachte ein frisches Blatt eines Olivenbaums mit. Da wusste Noah, dass das Wasser fast vollständig versickert war. Eine Woche später ließ er die Taube zum dritten Mal fliegen. Diesmal kehrte sie nicht mehr zurück. Noah entfernte das Dach vom Schiff, um Ausschau zu halten. Tatsächlich – das Wasser war verschwunden. Die Erde war wieder trocken!

Gott lässt alle aussteigen

Da sagte Gott zu Noah: »Verlass mit deiner Frau und deinen Söhnen und Schwiegertöchtern das Schiff. Lass alle Tiere frei, die bei dir sind. Sie sollen sich vermehren und sich auf der Erde ausbreiten.«

So verließ Noah mit seiner Familie und mit allen Tieren das Schiff. Sofort baute Noah für den Herrn einen Altar. Er brachte von allen reinen Vögeln und anderen reinen Tieren ein Brandopfer. Von diesen Tieren hatte er nämlich nicht nur zwei einzelne, sondern sieben Pärchen an Bord. Gott versprach Noah: »Nie mehr will ich wegen der Menschen die Erde vernichten. Ich will nie mehr alles Leben auslöschen! Solange die Erde besteht, soll im Frühling Saat ausgesät und im Herbst die Ernte eingebracht werden. Es wird immer Kälte und Hitze, Sommer und Winter, Tag und Nacht geben.«

Der Regenbogen

Gott segnete Noah und seine Söhne. Er sagte: »Vermehret euch, damit es bald wieder viele Menschen auf der Erde gibt. Von jetzt an könnt ihr euch auch wieder vom Fleisch von den Tieren ernähren, nicht nur von Obst und Getreide.« Dann sagte Gott: »Niemand darf einen anderen Menschen ermorden!«

Zum Zeichen, dass Gott sein Versprechen halten wird, schickte er einen wunderschönen Regenbogen. Gott sagte: »Immer wenn ein Regenbogen erscheint, denke ich an den Bund, den ich mit euch und allen Lebewesen geschlossen habe. Diese Zusage bleibt für alle Zeiten bestehen!«

Der Turmbau zu Babel

Damals sprachen die Menschen noch eine einzige Sprache. Sie lernten, wie man Ziegelsteine herstellt. Plötzlich hatte einer eine Idee. Er sagte: »Kommt, wir bauen eine Stadt. In der Mitte wollen wir einen Turm bauen, der bis zum Himmel reicht. So werden wir überall berühmt. Der Turm ist unser Mittelpunkt und hält uns zusammen.«

Als Gott das Bauwerk sah, beschloss er, den Menschen verschiedene Sprachen zu geben. Denn er wollte nicht, dass alle zusammenblieben. Sie sollten sich über die ganze Erde verteilen.

Plötzlich verstanden sich die Menschen nicht mehr. Darum mussten sie den Bau der Stadt aufgeben. Darum wird die Stadt Babylon (»Verwirrung«) genannt, weil der Herr dort die Sprache der Menschheit verwirrte und sie über die ganze Erde verstreute.

Abraham geht fort

In Haran wohnte Abraham zusammen mit seiner Frau Sara und seinen Verwandten. Eines Tages hörte Abraham die Stimme von Gott. Er sagte zu ihm: »Geh fort aus diesem Land, verlass deine Verwandtschaft und ziehe in ein Land, das ich dir zeigen werde. Deine Nachkommen sollen später zu einem großen Volk werden. Ich werde viel Gutes tun, und deinen Namen werden alle kennen. Und vor allem: Ich werde dich segnen.«

Abraham war schon 75 Jahre alt. Er machte sich gehorsam auf den Weg, mit allem Besitz und natürlich mit seiner Frau. Auch sein Neffe Lot begleitete ihn. Abraham und Lot waren sehr reich. Beide hatten riesige Schafherden, so dass es bald eng wurde für alle. Aus diesem Grund trennten sich die beiden. Lot zog in die fruchtbare Jordan-Ebene. Abraham blieb im hügeligen Land Kanaan.

Zu der damaligen Zeit war es für eine Frau sehr schlimm, wenn sie keine Kinder bekommen konnte. In der Gesellschaft lachte man über diese Frauen. Auch Sara konnte keine Kinder bekommen. Da schlug sie Abraham vor, dass er ihre Sklavin Hagar als Mutter seines Sohnes nehmen sollte. Abraham war einverstanden, und nach neun Monaten bekam Hagar einen Sohn. Abraham nannte ihn Ismael.

Als Abraham 99 Jahre alt war, erschien ihm Gott. Er sagte zu Abraham: »Du wirst Stammvater werden von vielen Völkern. Du wirst auch von Sara einen Sohn bekommen.«

Findest du den Marienkäfer
auf den nächsten Bildern?

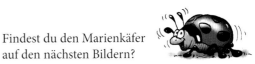

Drei Männer besuchen Abraham

Eines Mittags saß Abraham am Eingang seines Zeltes, als plötzlich drei Männer vorbeikamen. Abraham bewirtete sie mit Brotfladen, Kalbfleisch, Sauerrahm und Milch. Während des Essens fragte einer der Männer: »Abraham, wo ist denn deine Frau?« Da sagte Abraham: »Hier hinten im Zelt.« Daraufhin sagte einer der drei Männer: »Nächstes Jahr um diese Zeit komme ich wieder zu euch, und dann wird Sara einen Sohn haben.«

Sara stand im Zelteingang und lauschte. Abraham und Sara waren nämlich schon sehr alt und konnten keine Kinder mehr bekommen. Deshalb lachte sie leise.

Da sagte einer der Männer zu Abraham: »Warum lacht deine Frau? Warum zweifelt sie an meinen Worten? Für mich ist nichts unmöglich.«

Sara fürchtete sich und log: »Ich habe nicht gelacht!« Aber der Mann erwiderte: »Doch, du hast gelacht!« Der Mann war nämlich Gott selbst!

Sodom und Gomorra

Abraham wusste, dass sein Neffe Lot in Sodom wohnte. Jetzt wollte Gott die beiden Städte Sodom und Gomorra vernichten, weil die Menschen, die in diesen Städten wohnten, sehr böse waren. Sie wollten nichts mehr mit Gott zu tun haben.

Abraham fragte den Herrn: »Willst du wirklich Unschuldige und Schuldige zusammen vernichten? Vielleicht findest du ja fünfzig Leute in der Stadt, die nichts Böses getan haben und dir dienen?« Da erwiderte der Herr: »Sollte ich in Sodom fünfzig Unschuldige finden, werde ich wegen ihnen den ganzen Ort verschonen.« Abraham begann mit Gott zu handeln. Er fragte, ob Gott die Stadt verschonen würde, wenn 45 Gerechte darin wohnten, dann 40, dann 30, dann 20, dann 10. Schließlich sagte Gott: »Wenn es 10 gute Menschen gibt, werden diese verschont bleiben, mit ihnen die ganze Stadt.« Leider fand Gott aber keine 10 gerechten Menschen. Nur Lot, seine Frau und seine beiden Töchter wurden durch zwei Engel aus der Stadt gerettet. Sie sagten: »Schaut auf keinen Fall zurück!« Da ließ der Herr Feuer und Schwefel vom Himmel auf Sodom und Gomorra herabfallen. Er vernichtete sie völlig, zusammen mit anderen Städten in der Jordanebene. Doch Lots Frau drehte sich auf der Flucht um und schaute zurück. Sofort erstarrte sie zu einer Salzsäule.

Gott hatte an Abrahams Bitte gedacht. Er brachte Lot vor dem Unglück in Sicherheit!

Isaak wird geboren

Der Herr hielt sein Versprechen, das er Sara gegeben hatte. Sie wurde schwanger und bekam einen Sohn. Abraham wurde trotz seines hohen Alters – er war jetzt bereits 100 Jahre alt – Vater. Abraham nannte seinen Sohn Isaak.

Isaak wuchs heran, und als Sara aufhörte, ihn zu stillen, feierte Abraham mit seinen Leuten ein großes Fest.

Ismael, der Stiefbruder von Isaak, machte sich immer wieder lustig über Isaak. Als Sara das bemerkte, sagte sie zu Abraham: »Jage diese Sklavin und ihren Sohn Ismael fort.« Abraham war damit aber gar nicht einverstanden, denn schließlich war auch Ismael sein Sohn. Aber Gott sagte zu ihm: »Tu, was Sara von dir fordert, denn nur die Nachkommen deines Sohnes Isaak werden das auserwählte Volk sein!«

Am nächsten Tag gab Abraham Hagar etwas Proviant und schickte sie zusammen mit ihrem Sohn weg.

Hagar in der Wüste

Hagar irrte ziellos durch die Wüste. Bald ging ihr das Wasser aus. Sie machte sich große Sorgen um ihr Kind. Sie wollte nicht mitansehen, wie es stirbt. Aber Gott hörte den Jungen schreien. Er sagte zu Hagar: »Ich will auch aus den Nachkommen deines Jungen ein großes Volk machen.«

Dann ließ Gott Hagar einen Brunnen sehen. Sie füllte ihren Ledersack mit Wasser und gab dem Jungen zu trinken. Gott kümmerte sich auch weiterhin um Ismael. Er wuchs heran und wurde ein guter Bogenschütze.

Isaak soll geopfert werden

Es vergingen einige Jahre. Da stellte Gott Abraham auf die Probe. Er sagte zu ihm: »Geh mit deinem Sohn Isaak ins Land Morija. Dort zeige ich dir einen Berg, auf dem du ihn opfern sollst.«

Abraham stand am nächsten Morgen früh auf, spaltete Holz für ein Opferfeuer und belud seinen Esel. Er nahm Isaak und zwei Knechte mit und reiste an den Ort, den Gott ihm gezeigt hatte.

Er sagte zu den Knechten: »Ihr bleibt hier unten am Berg. Ich gehe mit meinem Sohn allein hinauf, um Gott anzubeten.«

Abraham legte das Holz auf Isaaks Schultern. Isaak fragte: »Vater, aber wo ist das Lamm?« Abraham antwortete ihm: »Gott wird schon dafür sorgen, mein Sohn!« – Schweigend gingen sie weiter. Als sie die Stelle erreicht hatten, errichtete Abraham aus Steinen einen Altar und schichtete das Brennholz auf. Er fesselte Isaak und legte ihn oben auf den Holzstoß. Dann griff er nach dem Messer, um seinen Sohn zu töten.

»Abraham, Abraham!«, rief ein Engel des Herrn vom Himmel. »Lege das Messer beiseite und tue dem Jungen nichts. Jetzt weiß ich, dass du Gott gehorsam bist – du bist sogar bereit, deinen Sohn, den du liebst, für mich zu opfern!«

Isaak ist gerettet!

Plötzlich entdeckte Abraham einen Schafbock, der sich mit den Hörnern im Dickicht verfangen hatte. Er tötete das Tier und opferte es anstelle seines Sohnes auf dem Altar.

Gott sagte nochmals zu Abraham: »Weil du gehorsam warst und mir deinen einzigen Sohn opfern wolltest, werde ich dich überreich beschenken und dir so viele Nachkommen geben, wie es Sterne am Himmel und Sand am Meer gibt.«

Esau und Jakob kommen auf die Welt

Nach Abrahams Tod segnete Gott Isaak. Was Gott Abraham versprochen hatte, galt jetzt ihm. Er war 40 Jahre alt, als er Rebekka heiratete. Zuerst bekam Rebekka keine Kinder. Doch dann wurde sie schwanger und gebar Zwillinge. Der erste war am ganzen Körper mit rötlichen Haaren bedeckt. Deshalb nannten seine Eltern ihn Esau. Das heißt: der Behaarte. Dann kam sein Bruder. Dieser hielt bei der Geburt Esau an der Ferse fest. Deshalb nannten sie ihn Jakob. Das heißt: Fersenhalter.

Sie wuchsen und wurden älter. Esau trieb sich lieber beim Jagen in den Wäldern herum. Jakob hingegen half gerne der Mutter im Haushalt.

Findest du die Heuschrecke auf den nächsten Bildern?

Esau verspielt sein Erbrecht

Eines Tages kam Esau hungrig nach Hause. Jakob hatte eben ein leckeres Gericht gekocht. Esau sagte zu Jakob: »Lass mich bitte auch davon essen, ich bin ganz erschöpft!« Jakob antwortete: »Nur wenn du mir dafür das Vorrecht als ältester Sohn überlässt!« Esau schwor es ihm und verlor damit das Erbe des Vaters.

Isaak will Esau segnen

Isaak war alt geworden und konnte nichts mehr sehen. Eines Tages bat er Esau, für ihn ein Wildtier zu jagen und ihm ein tolles Essen zuzubereiten. Danach wollte er ihm den Segen weitergeben. Rebekka hatte das Gespräch der beiden belauscht. Schnell rief sie Jakob und forderte ihn auf, von der Herde ein Tier zu schlachten und es ebenfalls für seinen Vater zuzubereiten. Sie wollte, dass Jakob und nicht Esau gesegnet wird.

Rebekka kochte schnell ein leckeres Essen. Jakob brachte es Isaak. Damit er ihn nicht an seiner glatten Haut erkannte, wickelte er ein Stück Fell um seine Arme und um seinen Hals. Obwohl ihn Isaak betastete, merkte er nichts vom Schwindel und gab Jakob schließlich seinen Segen.

Jakob verließ das Zelt seines Vaters, als Esau zurückkehrte. Als dieser erfuhr, dass er betrogen worden war, wurde er sehr wütend. Er nahm sich sogar vor, Jakob später zu töten. Deshalb musste Jakob fliehen.

Jakob hat einen Traum

Auf der Flucht nach Haran legte sich Jakob abends hin. Als Kopfkissen nahm er einen runden Stein. Da hatte er einen Traum. Er sah eine Treppe, die auf der Erde stand und bis zum Himmel hinauf reichte. Engel Gottes stiegen herab und hinauf. Oben auf der Treppe stand der Herr und sagte zu ihm:

»Ich bin der Herr, der Gott Abrahams und Isaaks. Das Land, auf dem du liegst, werde ich deinen Nachkommen geben! Sie werden unzählbar sein wie der Staub auf der Erde. Durch dich soll allen Völkern der Erde Gutes zuteil werden. Ich stehe dir bei und behüte dich, wo du auch hingehst. Niemals lasse ich dich im Stich. Ich stehe zu meinem Versprechen, das ich dir gegeben habe!«

Jakob verliebt sich in Rahel

Jakob traf bei einem Brunnen in der Nähe von Haran eine Gruppe von Hirten. Er fragte sie: »Kennt ihr vielleicht Laban?« – »Sicher kennen wir ihn! Da vorne kommt gerade seine Tochter Rahel mit seiner Herde.«

Jakob stellte sich Rahel vor, küsste sie und weinte vor Freude. Rahel lief schnell nach Hause und erzählte ihrem Vater von ihrer neuen Bekanntschaft. Da eilte Laban Jakob entgegen und umarmte und küsste ihn.

Sieben Jahre für Rahel

Jakob arbeitete für Laban. Laban sagte: »Du bist mein Verwandter. Deshalb sollst du nicht umsonst arbeiten. Sage mir, welchen Lohn willst du haben?«

Da antwortete Jakob: »Ich will sieben Jahre für dich arbeiten, wenn du mir dafür Rahel zur Frau gibst.« Laban war damit einverstanden. Nachdem sieben Jahre vergangen waren, fand ein großes Hochzeitsfest statt. Der Brauch wollte es so, dass die Braut ganz verschleiert war, so dass man sie nicht sehen konnte. Ebenso wollte es der Brauch, dass ein Vater zuerst seine älteste Tochter verheiratete, bevor er die jüngere gab. Rahel war aber die jüngere Schwester von Lea. Als Jakob am nächsten Morgen den Schleier von seiner Frau hob, entdeckte er mit Entsetzen, dass er Lea geheiratet hatte.

Laban sagte zu Jakob: »Verbring deine Hochzeitswoche nun mit Lea, dann gebe ich dir Rahel auch noch dazu. Dafür musst du mir aber weitere sieben Jahre dienen.« Jakob blieb nichts anderes übrig, als einzuwilligen, denn er liebte Rahel sehr.

Gott segnet Jakobs Herde

Obwohl Jakob Rahel mehr liebte als Lea, bekam Lea zuerst Kinder. Erst später bekam Jakob auch Kinder von Rahel. Weil die Familie wuchs, wollte Jakob auch eine eigene Herde aufbauen. Er machte mit Laban ab, dass künftig alle Tiere, die schwarze oder weiße Stellen im Fell haben, ihm gehörten, die einfarbigen jedoch Laban. Laban war einverstanden. Gott segnete Jakob so, dass nun fast alle Tiere, die geboren wurden, schwarze oder weiße Flecken hatten.

Als Labans Herde immer kleiner wurde, behaupteten seine Söhne, dass das Jakobs Schuld war. Sie fanden, dass Jakob ihren Vater betrog. Jakob besaß nun auch Kamele und Esel sowie Sklavinnen und Sklaven. Das Verhältnis zu Laban wurde immer schwieriger.

Eines Tages floh Jakob mit seiner ganzen Herde und allen Sippenangehörigen, ohne Laban davon zu erzählen. Er überquerte den Fluss Euphrat. Jakob wusste, dass er bald seinen Bruder Esau treffen würde. Er hatte große Angst vor dieser Begegnung, denn er wusste nicht, wie sein Bruder reagieren würde. Er schrie zu Gott und sagte: »Bitte rette mich vor meinem Bruder Esau!« Jakob bereitete ein Geschenk für Esau vor. Er wollte ihm 200 Ziegen, 20 Ziegenböcke, 200 Schafe, 20 Schafböcke, 30 säugende Kamele mit ihren Jungen, 40 Kühe, 10 Stiere, 20 Eselinnen und 10 Esel schenken. Einige Knechte gingen mit diesen Tieren voraus, um sie Esau zu überreichen.

Jakob versöhnt sich mit Esau

Kaum war Jakob weitergezogen, da sah er auch schon Esau. Jakob verbeugte sich sieben Mal vor seinem Bruder Esau. Dieser rannte Jakob entgegen, fiel ihm um den Hals und küsste ihn. Beide weinten. Jakob stellte seinem Bruder seine Familie vor.

Esau hatte seinen Bruder Jakob wieder angenommen. Esau kehrte nach Seïr zurück, und Jakob zog weiter. Schließlich kam Jakob nach Sichem, im Land Kanaan. Die lange Reise, die er begonnen hatte, war nun zu Ende. Unterwegs hatte Gott ihm einen neuen Namen gegeben: Israel. Vor der Stadt schlug Jakob seinen Lagerplatz auf und kaufte sich Land für hundert Silberstücke. Dort errichtete er einen Altar und nannte ihn: »Gott ist Israels Gott!«

Josefs Träume

Jakob hatte zwölf Söhne: Ruben, Simeon, Levi, Juda, Issaschar, Sebulon, Dan, Naftali, Gad, Asser, Josef und Benjamin. Von seiner Lieblingsfrau Rahel waren aber nur Josef und Benjamin. Sie starb nach der Geburt von Benjamin.

Josef war Jakobs Lieblingskind. Deshalb ließ er für ihn ein besonders vornehmes und prächtiges Gewand anfertigen. Natürlich bemerkten seine Brüder, dass ihr Vater ihn bevorzugte. Deshalb hassten sie Josef und redeten kein freundliches Wort mehr mit ihm.

Eines Nachts hatte Josef einen Traum, den er gleich am nächsten Morgen seinen Brüdern erzählte: »Hört mal, was ich geträumt habe!«, rief er. »Wir waren auf dem Feld und banden das Getreide in Garben zusammen. Da richtete sich meine Garbe auf und blieb aufrecht stehen. Eure Garben dagegen bildeten einen Kreis darum und verbeugten sich tief vor meiner Garbe.«

Die Brüder wurden wütend und warfen ihm vor, er benehme sich wie ein König und Herrscher. Bald darauf hatte Josef nochmals einen Traum. Auch diesen erzählte er seinen Brüdern und auch seinem Vater: »Ich sah, wie die Sonne, der Mond und elf Sterne sich tief vor mir verbeugten.«

Josefs Brüder wurden zornig und eifersüchtig. Auch seinem Vater ging der Traum nicht mehr aus dem Kopf.

Findest du die Spinne auf den nächsten Bildern?

Josef wird in den Brunnen geworfen

Josefs Brüder trieben ihre Viehherden in die Nähe von Sichem. Da sagte Jakob zu Josef: »Geh zu deinen Brüdern nach Sichem, und erkundige dich, wie es ihnen und dem Vieh geht! Dann komm wieder und berichte mir!«

Josef suchte seine Brüder und fand sie schließlich bei Dotan. Seine Brüder erkannten ihn schon von weitem. Sie beschlossen sofort, ihn umzubringen: »Los, wir erschlagen ihn und werfen ihn in einen tiefen Brunnen. Unserem Vater erzählen wir, ein wildes Tier hätte ihn gefressen.«

Doch Ruben wollte ihn retten. Deshalb sagte er, dass sie ihn lebend in einen tiefen Brunnen werfen sollen. Als Josef im Brunnen war, kam eine Karawane mit ismaelitischen Händlern vorbei. Sie waren auf dem Weg nach Ägypten. Da sagte Juda: »Was haben wir davon, wenn wir unseren Bruder töten? Nichts! Los, wir verkaufen ihn als Sklaven an diese Ismaeliter.«

So wurde Josef für zwanzig Silberstücke verkauft. Josefs Kleid wälzten sie im Blut eines Ziegenbocks. Sie brachten dieses Gewand dem Vater: »Ein wildes Tier hat Josef angefallen und gefressen.« Jakob war nicht mehr zu trösten.

Josef bei Potifar

Josef wurde in Ägypten an Potifar, den Hofbeamten des Königs, verkauft. Josef glückte alles, was er unternahm. Deshalb machte ihn Potifar zu seinem persönlichen Diener. Josef sah sehr gut aus. Das bemerkte auch die Frau von Potifar. Eines Tages sagte sie zu Josef: »Schlaf mit mir!«

Aber Josef weigerte sich. Er sagte: »Potifar hat mir alles anvertraut. Ich habe genauso viel Macht wie er. Nur dich hat er mir vorenthalten, weil du seine Frau bist. Wie könnte ich da ein so großes Unrecht tun und gegen Gott sündigen?«

Potifars Frau ließ nicht locker. Jeden Tag redete sie auf Josef ein. Aber er hörte nicht darauf und ließ sich nicht von ihr verführen.

Doch eines Tages packte Potifars Frau Josefs Gewand. Josef riss sich los und flüchtete. Frau Potifar schrie und rief nach ihren Dienern, zeigte ihnen das Gewand von Josef und sagte: »Er wollte mir Gewalt antun!«

Als Potifar das hörte, wurde er sehr zornig und ließ Josef in das Staatsgefängnis werfen.

Josef im Gefängnis

Der Herr war auf Josefs Seite. So wurde Josef wegen guter Führung schon bald zum Aufseher über die Gefangenen ernannt. Einige Zeit später wurden neue Häftlinge ins Gefängnis gebracht: der Mundschenk und der oberste Bäcker des Pharaos. Nach einiger Zeit hatten beide in derselben Nacht einen Traum. Sie waren traurig, dass ihnen niemand die Träume deuten konnte. Josef sagte zu ihnen: »Nur Gott kann Träume deuten. Erzählt doch einmal, was ihr geträumt habt.«

Der Mundschenk begann: »Ich sah einen Weinstock mit drei Ranken. Die Knospen trieben, und bald waren reife Trauben da. Ich nahm die Trauben und presste den Saft in den Becher und gab ihn dem König zu trinken.« Josef sagte: »Der Traum bedeutet, dass du in drei Tagen aus dem Gefängnis herauskommst und wieder beim Pharao arbeiten wirst!«

Da erzählte auch der Bäcker seinen Traum: »Ich trug drei Brotkörbe mit leckerem Gebäck für den Pharao auf dem Kopf. Da kamen Vögel und fraßen alles auf.« Josef wurde traurig und sagte: »In drei Tagen wird man dich an einem Baum aufhängen. Die Vögel werden dein Fleisch fressen.« Genau so geschah es.

Der Pharao träumt

Auch der Pharao hatte geträumt. Aber niemand konnte ihm seine Träume deuten. Da erinnerte sich der Mundschenk daran, dass Josef seinen Traum gedeutet hatte. Er berichtete es dem Pharao.

Der Pharao ließ Josef sofort aus dem Gefängnis holen, und er erzählte ihm seinen Traum: »Ich stand am Ufer des Nils. Da stiegen sieben schöne dicke Kühe aus dem Nil. Sie weideten im Ufergras. Nach ihnen kamen sieben abgemagerte Kühe aus dem Nil. Die mageren fraßen die dicken Kühe auf. Danach waren sie aber immer noch genauso mager wie vorher.« Der Pharao erzählte auch noch den zweiten Traum: »Ich sah, dass an einem Halm sieben volle, reife Ähren wuchsen. Danach wuchsen sieben kümmerliche Ähren. Diese verschlangen die sieben vollen Ähren. – Josef, kannst du mir diese Träume deuten?«

Josef sagte: »Ich selber kann es nicht, aber Gott will dir sicher etwas Gutes ankündigen: Die sieben fetten Ähren und Kühe bedeuten, dass es zuerst sieben sehr fruchtbare Jahre gibt. Danach werden aber sieben ganz schreckliche Jahre kommen, wo praktisch nichts mehr wächst. Plane so, dass das Volk auch dann noch zu essen hat!«

Nach der Deutung setzte der Pharao Josef zum Verwalter über das ganze Land ein.

Hunger im Land Kanaan

Nach den sieben guten Jahren kam tatsächlich eine schreckliche Hungersnot. Auch im Land Kanaan hatten die Menschen Hunger. Jakob schickte deshalb alle seine Söhne – außer Benjamin – nach Ägypten, um Korn einzukaufen. Josef erkannte seine Brüder sofort, die Brüder merkten aber nicht, dass er Josef war.

Josef wollte seine Brüder vorerst auf die Probe stellen. Er beschuldigte sie, Spione zu sein. Er verlangte von ihnen, dass einer als Gefangener und als Geisel bei ihm blieb, während die anderen Brüder nach Hause reisten, um den jüngsten Bruder, Benjamin, zu holen. So blieb Simeon in Ägypten im Gefängnis.

Josef weinte im Stillen, dass er so streng zu seinen Brüdern gewesen war. Die Brüder sagten: »Jetzt müssen wir ausbaden, was wir Josef angetan haben!«

Der silberne Becher

Zu Hause erzählten die Brüder alles ihrem Vater. Dieser wollte Benjamin eigentlich nicht ziehen lassen. Er sah aber ein, dass er keine andere Wahl hatte. So zogen die Brüder erneut mit vielen Geschenken nach Ägypten.

Die Diener von Josef füllten die Getreidesäcke wieder auf. Beim Sack von Benjamin ließ Josef seinen silbernen Becher hineinschmuggeln. Dann brachen die Brüder auf in Richtung Kanaan. Aber Josef schickte seine Soldaten hinterher, um die Säcke zu kontrollieren. Natürlich fanden sie den Silberbecher bei Benjamin. Die Soldaten brachten Benjamin zurück nach Ägypten. Seine Brüder kamen mit ihm.

Josef fragte seine Brüder: »Warum habt ihr das gemacht? Ihr hättet wissen müssen, dass ein Mann wie ich den Schuldigen findet.« Da sagte Juda: »Was wollen wir uns noch verteidigen? Gott hat unsere Schuld ans Licht gebracht. Darum sind wir alle deine Sklaven.«

Da sagte Josef: »Nein, nur der ist mein Sklave, bei dem der Becher war.« Die Brüder waren entsetzt und sagten: »Ohne ihn können wir niemals mehr zum Vater zurückkehren.« Juda sagte: »Ich habe die Verantwortung für Benjamin übernommen. Deshalb nehmt mich an seiner Stelle als Sklaven!«

Josef gibt sich zu erkennen

Da konnte sich Josef nicht mehr länger beherrschen. Er befahl den Hofbeamten: »Verlasst diesen Raum.« Als die Brüder unter sich waren, sagte Josef: »Ich bin Josef, lebt mein Vater noch? Ihr braucht euch nicht mehr zu fürchten!«

Die Brüder waren fassungslos und brachten keinen Ton mehr heraus. Josef ging auf seine Brüder zu und umarmte jeden. Danach sagte er ihnen, dass sie seinen Vater und ihre Familien nach Ägypten holen sollen. Der Pharao gab ihnen in Goschen ein Stück Land, wo sie wohnen und das sie selbständig bebauen konnten.

Es war für beide eine große Freude, als Josef und sein Vater Jakob einander wiedersahen!

Mose wird geboren

Die Nachkommen von Josef lebten viele Jahre in Ägypten. Da trat ein neuer König die Herrschaft an, der Josef nicht mehr kannte. Er stellte fest, dass die Israeliten sehr zahlreich geworden waren. Deshalb befahl er: »Die Israeliten müssen ab sofort harte Sklavenarbeit leisten. Setzt sie bei Bauarbeiten ein.«

Doch die Israeliten verbreiteten sich weiter, und die Ägypter bekamen Angst vor ihnen. So befahl der König den israelitischen Hebammen Schifra und Pua, ab sofort alle neugeborenen Knaben zu töten.

Da gebar wieder eine israelitische Frau einen Sohn. Weil sie fürchtete, dass er getötet würde, legte sie ihn in einen Korb und bat seine größere Schwester, das Baby im Schilf im Nil zu verstecken. Die Schwester blieb am Ufer verborgen und schaute zu, was mit dem Körbchen passierte.

Da kam die Tochter des Pharaos zum Baden an den Fluss. Plötzlich entdeckte sie den Korb. Sie wollte, dass dieses Kind im Königspalast aufwächst. Sie nannte es Mose, das heißt: »Ich habe ihn aus dem Wasser geholt.«

Mose wuchs beim Pharao auf. Er sah, wie die Hebräer von den Ägyptern unterdrückt wurden. Er hatte Mitleid mit ihnen. Im Affekt erschlug er eines Tages einen Aufseher, der besonders brutal zu seinen Sklaven war. Daraufhin musste Mose fliehen.

Findest du den Käfer auf den nächsten Bildern?

Mose lernt seine Frau kennen

Die Flucht führte Mose nach Midian. Dort gab es einen Priester, der sieben Töchter hatte. Sie hüteten Schafe und Ziegen. Einmal führten sie die Schafe zu einem Brunnen, um sie zu tränken. Im gleichen Moment kamen andere Hirten und drängten sie weg. Da stand Mose auf und half den Mädchen, ihre Herde zu tränken.

Die Töchter des Priesters nahmen Mose mit nach Hause zu ihrem Vater. Er lud Mose ein, bei ihnen zu bleiben, und gab ihm seine Tochter Zippora zur Frau.

Viele Jahre später starb der König von Ägypten. Aber die Zwangsarbeit hörte nicht auf, und die Israeliten klagten laut. Gott hatte die Israeliten nicht vergessen! Er kam ihnen zu Hilfe.

Der Feuerbusch

Mose hütete viele Jahre die Schafe des Schwiegervaters. Eines Tages trieb er die Tiere von der Steppe hinauf in die Berge und kam zum Horeb, dem Berg Gottes. Dort erschien ihm der Engel Gottes in einer Flamme, die aus einem Dornbusch schlug. Doch der Busch verbrannte nicht. Da rief der Herr aus dem Busch: »Mose, Mose!« – »Ja, Herr«, antwortete er. – »Komm nicht näher!«, befahl Gott. »Zieh die Sandalen aus, denn du stehst auf heiligem Boden. Ich bin der Gott deiner Vorfahren.« Mose verhüllte sein Gesicht, denn er hatte Angst davor, Gott anzuschauen.

Da sagte der Herr: »Ich habe gesehen, wie schlecht es meinem Volk in Ägypten geht. Darum bin ich gekommen, um sie aus der Gewalt der Ägypter zu retten. Ich will sie in ein gutes, großes Land bringen, in dem Milch und Honig fließen.«

Gott schickte Mose zum Pharao, um ihm zu sagen, er solle sein Volk ziehen lassen. Doch Mose hatte große Bedenken: »Ich kann nicht gut sprechen. Wie soll ich so vor dem Pharao argumentieren?« Aber Gott beauftragte Aaron, seinem Bruder Mose zu helfen, wenn sie zum Pharao gehen.

Mose spricht vor dem Pharao

Mose zog mit seiner Familie – er hatte inzwischen auch Kinder – zurück nach Ägypten. Er traf die Israeliten und machte ihnen Mut. Diese warfen sich auf den Boden und beteten Gott an.

Am anderen Tag gingen Mose und Aaron zum König von Ägypten und sagten: »Gott will dir sagen: Lass das Volk Israel wegziehen.« Der Pharao antwortete: »Wer ist denn dieser Gott? Weshalb soll ich ihm gehorchen? Ich kenne ihn nicht, und folglich lasse ich das Volk auch nicht frei!«

Mose und Aaron erwiderten: »Er ist uns begegnet!« Aaron warf seinen Stab auf den Boden, da wurde dieser augenblicklich zu einer Schlange. Aber auch die ägyptischen Magier warfen ihre Stäbe auf den Boden. Auch diese wurden zu Schlangen. Aber die Schlange von Aaron fraß alle anderen Schlangen auf.

Das alles beeindruckte den Pharao nicht im Geringsten. Er sagte: »Nichts da, hinaus mit euch. Und zur Strafe müssen die Israeliten nun noch viel härter arbeiten. Sie bekommen kein Stroh mehr geliefert. Und trotzdem müssen sie genauso viele Ziegel abliefern wie vorher!«

Zehn Strafgerichte

Da sagte der Herr zu Mose: »Das Herz des Pharaos ist verhärtet. Er weigert sich, mein Volk ziehen zu lassen.« Deshalb ließ Gott zehn Strafgerichte über Ägypten kommen. Die Israeliten aber wurden von allen Plagen verschont.

Beim ersten Gericht wurde das Wasser des Nils zu Blut. Alle Fische starben, und das Wasser war nicht mehr trinkbar. Beim zweiten Gericht wimmelte es plötzlich überall von Fröschen. In allen Häusern, Schränken und Nahrungsmitteln waren Frösche. Beim dritten Gericht wurde jedes Staubteilchen zu einer Stechmücke. Man konnte sich vor diesen Tieren nicht mehr schützen. Beim vierten Gericht schickte Gott riesige Schwärme von Fliegen, die alle Häuser befielen. Sie brummten in den Ohren, in den Nasen und vor den Augen der Ägypter. Beim fünften Gericht brach eine Viehpest aus. Pferde, Esel, Rinder, Kamele, Schafe und Ziegen starben. Beim sechsten Gericht litten die Menschen an bösartigen Hautgeschwüren. Beim siebten Gericht hagelte es so große Hagelkörner, dass Tiere, Pflanzen und Bäume dahingerafft wurden. Es war das größte Unwetter, das es je in Ägypten gab. Beim achten Gericht befielen Heuschrecken das ganze Land und fraßen das Grünzeug ab, bis alles ganz kahl war. Beim neunten Gericht war es drei Tage lang dunkel. Nur bei den Israeliten war es hell. Beim zehnten Gericht starben der älteste Sohn und das älteste Tier in jedem Haushalt. Nur bei den Israeliten, die das Blut eines Lamms an die Türrahmen gestrichen hatten, ging der Todesengel vorbei und verschonte sie.

Die Israeliten verlassen Ägypten

Nach diesen zehn Gerichten ließ der Pharao das Volk Israel ziehen. Doch bald reute es ihn, und er befahl seinen Soldaten, die Israeliten wieder zurückzuholen. So setzte der Pharao mit seinen Streitwagen dem Volk nach. Die Israeliten waren inzwischen beim Roten Meer angekommen, als sie die ägyptischen Streitwagen hinter sich entdeckten. Sie waren eingekesselt. Sie schimpften mit Mose: »Lieber wären wir ihre Sklaven geblieben, als hier in der Wüste umzukommen.«

Da sagte Mose: »Habt keine Angst! Verliert nicht den Mut! Ihr werdet erleben, wie der Herr euch heute rettet. Der Herr selbst wird für euch kämpfen, wartet nur ab.«

Mose streckte seine Hand über dem Wasser aus. Da ließ der Herr einen starken Ostwind aufkommen. Dieser trieb das Meer zurück, bis der Boden trocken war. So konnte das ganze Volk trockenen Fußes durch das Meer ziehen. Als aber die Verfolger ebenfalls durch die entstandene Gasse ritten, kam das Wasser zurück. Alle ägyptischen Krieger ertranken.

Die Israeliten murren

Die Vorräte, die die Israeliten mitnehmen konnten, gingen schon bald aus. Viele Menschen begannen wieder zu murren und beklagten sich bei Mose. Dieser hatte aber ein festes Vertrauen zu Gott. Und tatsächlich: Gott tat ein Wunder nach dem anderen.

Als Mose mit seinem Stab an einen Felsen schlug, sprudelte frisches Wasser heraus. Am Morgen konnten die Israeliten »Manna«, eine Art Getreidekörner, vom Wüstenboden auflesen, genau so viel, wie sie für den Tag brauchten. Nur vor dem Sabbat durften sie für zwei Tage sammeln. Einmal schickte Gott sogar Wachteln, die sie ganz einfach fangen konnten.

So sorgte Gott in der Wüste auf wundersame Weise für sein Volk, obwohl es undankbar gewesen war.

Das Goldene Kalb

Gott rief Mose auf den Berg Horeb. Dort gab Gott Mose zwei Steintafeln mit zehn Geboten und schloss einen wunderbaren Bund mit seinem Volk. Das Volk durfte sich nur in der Nähe des Berges aufhalten, aber dem Berg auf keinen Fall zu nahe kommen.

Als Mose nach vierzig Tagen immer noch nicht zurück war, wurde das Volk ungeduldig. Sie überredeten Aaron, einen Götzen zu machen, den das Volk anbeten konnte. Aaron sammelte daraufhin Goldketten und Goldringe ein, schmolz das Gold und goss daraus einen goldenen Stier. Dann tanzte das Volk um den Stier und betete ihn an. Sie riefen: »Dieser Gott hat uns aus Ägypten geführt.«

Als Mose mit den Gesetzestafeln vom Berg zurückkam und sah, was geschehen war, zerschmetterte er die Tafeln und ging sofort zum Altar. Er nahm den Stier, schmolz ihn auf der Stelle ein und zermalmte ihn. Das Goldpulver streute er dem Volk ins Trinkwasser. Gott ließ zur Strafe eine Seuche ausbrechen.

Die Zehn Gebote

Mose ging wieder auf den Berg. Er bekam nochmals Anordnungen von Gott. Diesmal musste er die Zehn Gebote selbst in die Steintafeln meißeln. Als er sie dem Volk gab, sagte Mose: »Ich gebe euch jetzt die Zehn Gebote und Weisungen des Herrn. Lernt sie auswendig und lebt nach ihnen! Der Herr hat am Berg Horeb einen Bund mit uns geschlossen.«

Du sollst außer mir keine anderen Götter haben.

Fertige keine Götzenstatue an.

Du sollst meinen Namen nicht missbrauchen.

Halte den Sabbat heilig.

Ehre deinen Vater und deine Mutter.

Du sollst nicht töten.

Du sollst die Ehe nicht brechen.

Du sollst nicht stehlen.

Sage nichts Unwahres über deine Mitmenschen.

Begehre nichts, was deinem Mitmenschen gehört.

In der Wüste

Das Volk Israel war nun schon einige Zeit in der Wüste unterwegs. Inzwischen war es am Fluss Jordan, der Grenze zum verheißenen Land, angekommen. Da schickte Mose zwölf Kundschafter ins verheißene Land. Sie durchstreiften das Gebiet und schauten, wie man es am besten erobern kann.

Nach einiger Zeit kamen die Kundschafter zurück. Sie brachten riesige Früchte mit und zeigten sie den Israeliten. Aber sie erzählten auch, dass in diesem Land sehr große und starke Menschen lebten und dass ihre Städte sehr dicke Schutzmauern haben.

Das Volk Israel wurde durch diesen Bericht sehr entmutigt. Sie sagten, dass sie lieber wieder zurück nach Ägypten gehen würden, als bei der Eroberung zu sterben. Darüber wurde Gott zornig. Er sah, dass das Volk ihm immer noch nicht ganz vertraute. Er wollte deshalb sein Volk vernichten. Doch Mose sprach zu Gott: »Wenn du das tust, werden es alle Völker erfahren und sagen: ›Der Herr konnte dieses Volk nicht in das Land bringen, das er ihnen mit einem Eid versprochen hat. Er hat sie in der Wüste abgeschlachtet.‹« Da sagte der Herr: »Meine Geduld ist groß, und meine Liebe kennt kein Ende. Ja, deshalb vergebe ich die Schuld. Wer aber sündigt, muss auch die Folgen tragen.« Deshalb sagte der Herr: »Keiner der Erwachsenen wird je in das verheißene Land hineinkommen, außer Kaleb und Josua.«

So musste das Volk Israel vierzig Jahre durch die Wüste ziehen, bis alle gestorben waren, die damals bereits erwachsen waren.

Findest du die Raupe auf den nächsten Bildern?

Die giftigen Schlangen

Wieder einmal murrte das Volk Israel. Es war unzufrieden mit Mose und mit Gott, weil sie in der Wüste leben mussten. Da schickte der Herr Giftschlangen. Viele Menschen wurden gebissen.

Mose suchte einmal mehr Hilfe bei Gott. Gott antwortete ihm: »Richtet eine Schlange aus Bronze an einem Pfahl auf. Wenn nun jemand von einer Giftschlange gebissen wird, der soll auf diese bronzene Schlange schauen, dann wird er nicht sterben. Wer aber nicht hinschaut, wird sterben.«

Mose schmiedete eine Schlange aus Bronze und befestigte sie an einem Pfahl. Alle, die zu ihr aufsahen, starben nicht.

Josua wird Chef

Inzwischen waren alle Menschen gestorben, die damals nach dem großen Murren nicht in das Land Kanaan ziehen durften. Mose sagte: »Ich bin jetzt 120 Jahre alt und kann euch nicht mehr länger anführen. Der Herr hat auch mir verboten, in das verheißene Land zu gehen. Aber der Herr selbst wird euch begleiten.«

Dann rief er Josua zu sich und sagte zu ihm: »Sei mutig und entschlossen! Du wirst jetzt dieses Volk in das Land bringen, das der Herr euch versprochen hat. Hab keine Angst, und lass dich von niemandem einschüchtern.« Mose segnete das ganze Volk Israel.

Bald danach stieg Mose auf den Berg Nebo. Dort zeigte ihm der Herr das ganze verheißene Land. Darauf starb Mose, der Diener des Herrn.

Kundschafter in Jericho

Josua sandte zwei Kundschafter ins verheißene Land. Diese schlichen in die Stadt Jericho.

Nachts klopften die beiden Kundschafter bei einer Frau namens Rahab an. Sie baten um ein Nachtquartier. Kurze Zeit später klopfte es wieder. Soldaten standen vor der Tür. Schnell versteckte Rahab die beiden Kundschafter unter einem Flachshaufen auf dem Dach.

Sie sagte zu den Soldaten: »Was ist los, weshalb diese Aufregung?« Die Soldaten erwiderten: »Es sind fremde Leute in der Stadt. Man hat gesehen, dass sie bei dir Zuflucht gefunden haben.« Rahab antwortete ihnen: »Die Männer sind schon vor einiger Zeit wieder gegangen und haben die Stadt verlassen.« Da rannten die Soldaten aus der Stadt, um die Männer zu suchen.

Die beiden Kundschafter versprachen Rahab als Dank, dass ihre Familie beim Angriff der Israeliten verschont bliebe. Sie solle sie alle in dieses Haus holen und zum Zeichen ein rotes Seil aus dem Fenster hängen. An diesem Seil flüchteten die beiden Männer in der Nacht und konnten unbeschadet aus der Stadt entkommen.

Gott ist mit Josua

Die beiden Kundschafter berichteten Josua alles, was sie gesehen hatten. Josua wusste, dass es keine leichte Aufgabe würde, diese Stadt zu besiegen. Aber er vertraute auf Gott.

Sie warteten noch drei Tage, bis sie loszogen. Die Priester trugen die Bundeslade. Als sie die Füße in den Jordan setzten, staute sich weiter oben das Wasser. So konnte das ganze Volk, ohne nass zu werden, durch den Jordan ziehen.

An diesem Tag betrat das Volk Israel zum ersten Mal das versprochene Land Kanaan.

Josua ging ein Stück alleine weiter. Plötzlich begegnete ihm ein Mann mit einem Schwert. Verunsichert fragte er: »Gehörst du zu uns oder zum Feind?«

Der Fremde antwortete: »Zu keinem von beiden. Ich bin hier als Befehlshaber über das Heer Gottes.« Da warf sich Josua auf den Boden und sagte: »Ich gehorche dir, Herr! Was soll ich tun?« Da sagte der Befehlshaber über das Heer Gottes: »Zieh deine Schuhe aus, denn du stehst auf heiligem Boden!« Josua gehorchte.

Dieses Erlebnis ermutigte Josua sehr. Jetzt wusste er, dass Gott mit ihnen war!

Israel erobert Jericho

Das Volk Israel bekam den Auftrag, sechs Tage lang jeden Tag einmal um die Stadt Jericho zu ziehen. Am siebten Tag sollten sie sieben Mal um die Stadt ziehen. Beim letzten Mal mussten die Priester ihre Hörner blasen.

Als alle Priester die Hörner bliesen, sagte Josua zum Volk: »Schreit, so laut ihr könnt! Der Herr gibt euch Jericho!« Das Volk schrie, und in diesem Moment fielen die Stadtmauern von Jericho in sich zusammen. Josua und das Volk eroberten die Stadt. Nur das Haus von Rahab wurde wie versprochen verschont.

Achan veruntreut Wertgegenstände

Gott hatte Josua befohlen, dass sie keine Wertgegenstände für sich selber nehmen durften. Alles Wertvolle mussten sie in die Schatzkammer des heiligen Zeltes bringen. Alles andere musste vernichtet werden.

Nur Achan hielt sich nicht an die Vorgaben von Gott. Heimlich versteckte er einige Reichtümer in seinem Zelt. Kurz darauf zogen Israels Krieger gegen die Stadt Ai, die ganz in der Nähe von Jericho lag. Sie waren überzeugt, dass sie auch diese Stadt einnehmen würden.

Doch sie gerieten in einen Hinterhalt und mussten eine böse Niederlage hinnehmen. Josua war verzweifelt. Da sagte Gott: »Das Volk Israel hat Schuld auf sich geladen. Sie haben heimlich etwas gestohlen und versteckt. Ich werde euch nicht mehr helfen, wenn ihr nicht alles beseitigt.«

Schließlich zeigte Gott Josua den Übeltäter. In Achans Zelt fanden sie die gestohlenen Güter. Achan, seine Familie und sein ganzer Besitz wurden verbrannt.

Ai wird eingenommen

Danach zog das Volk Israel erneut gegen Ai. Josua lockte die Männer aus der Stadt, dann steckte er die Häuser in Brand. Mit Gottes Hilfe nahmen sie Ai ein. In der kommenden Zeit eroberte das Volk Israel das ganze Land Kanaan und verteilte es an die zwölf Stämme Israels.

Gott hat sein Versprechen eingehalten und dem Volk Israel ein wunderbares Land gegeben.

Ein Engel begegnet Gideon

Das Volk Israel lebte nun schon viele Jahre im versprochenen Land. Am Anfang lebten sie in Frieden. Sie wurden von den umliegenden Völkern nicht angegriffen. Gott beschützte sie. Weil sie aber immer öfter taten, was Gott nicht gefiel, wurden sie von den Midianitern angegriffen. Da baten sie Gott um Hilfe.

In dieser Zeit lebte ein Mann namens Gideon. Er verrichtete hauptsächlich Feldarbeiten. Er war gerade beim Korndreschen, als ihm ein Engel begegnete: »Gideon, du bist stark und mutig. Geh und rette Israel aus der Hand der Midianiter.«

Gideon erschrak. Er glaubte nicht, dass er geeignet war, als Anführer gegen die Midianiter zu kämpfen. Redete wirklich Gott zu ihm?

Er ging schnell heim, backte ein Brot und schlachtete einen Ziegenbock. Als er zurückkam, gab er das Mahl dem Engel. Als der Engel den Teller berührte, kam Feuer aus dem Felsen. Alles verbrannte. Jetzt wusste Gideon, dass Gott ihm tatsächlich diesen Auftrag gab.

Findest du die Fliege auf den nächsten Bildern?

Gideon bittet Gott um ein Zeichen

Mittlerweile waren es drei Völker, die gegen Israel kämpfen wollten: die Midianiter, die Amalekiter und die Beduinen. Gideon blies ins Kriegshorn und rief so die Männer seiner Sippe und der umliegenden Stämme zusammen. Sie sollten mit ihm in den Krieg ziehen.

Aber Gideon war noch unsicher. Deshalb bat er Gott um ein Zeichen. Er betete:

»Bitte gib mir ein Zeichen, dass du Israel wirklich durch mich befreien willst! Ich lege frisch geschorene Wolle auf den Dreschplatz. Lass morgen früh die Wolle vom Tau nass sein, den Boden ringsum aber trocken.«

Was Gideon erbeten hatte, geschah genau so. Er wollte nun aber hundertprozentig sicher sein und bat Gott nochmals. Jetzt sollte es gerade umgekehrt geschehen. Gideon sprach: »Herr, lass die Wolle trocken sein und die Erde ringsum nass!«

Auch diesmal geschah es genau so. Jetzt wusste Gideon, dass Gott ganz bestimmt mit ihnen war.

Es sind zu viele Männer

30 000 Männer folgten Gideon. Gott sagte zu Gideon: »Schicke alle Männer, die Angst haben, nach Hause.« Viele verließen Gideon und gingen. Es blieben nur noch 10 000 Männer zurück.

Da sagte Gott zu Gideon: »Es sind immer noch zu viele Männer! Lass sie an der Quelle Wasser trinken. Beobachte gut, wie sie trinken. Stelle diejenigen auf eine Seite, die das Wasser wie ein Hund auflecken. Die anderen, die das Wasser mit der Hand zum Mund führen, stelle auf die andere Seite.«

Gideon beobachtete, wie die Männer das Wasser tranken. Es waren 300 Männer, die das Wasser direkt aus dem Bach ableckten. Gott sagte zu Gideon: »Mit diesen Männern sollst du kämpfen!«

Gideon ließ alle anderen Männer nach Hause gehen.

Gott schenkt den Israeliten den Sieg

In der Nacht griffen sie das Lager der Feinde an. Gideon blies ins Horn. Darauf zerbrachen die Israeliten Krüge und machten einen großen Lärm. Da brach unten im feindlichen Lager Panik aus. Sie brachten sich sogar gegenseitig um. Diejenigen, die fliehen wollten, wurden von den Stämmen Naphtali, Asser und Manasse besiegt.

Israel konnte danach viele Jahre in Frieden leben.

Ruth

Eine große Hungersnot

In der Zeit, als Richter Israel führten, gab es einmal eine große Hungersnot. Auch Elimelech und Noomi mussten aus der Stadt Bethlehem fliehen, weil es zu wenig zu essen gab. In Moab fanden sie ein Zuhause. Nach einer Weile starb Elimelech. Ihre beiden Söhne heirateten die moabitischen Frauen Orpa und Ruth. Aber dann starben auch die beiden Söhne. Die drei Frauen waren nun alleine. Da beschloss Noomi, nach Bethlehem heimzukehren. Sie wollte alleine reisen, aber Ruth wollte unbedingt mitkommen. Noomi sagte: »Bleibt hier in eurem Land und heiratet wieder.« Aber Ruth sagte: »Dein Volk ist auch mein Volk, und dein Gott ist auch mein Gott.« Da ließ Noomi Ruth mitkommen.

Ruth begegnet Boas

Arme Leute durften in dieser schweren Zeit auf den Feldern diejenigen Ähren auf-lesen, die bei der Ernte liegen geblieben waren. Gott führte es so, dass Ruth auf den Feldern von Boas Ähren sammelte. Boas meinte es gut mit Ruth und befahl den Feldarbeitern: »Lasst absichtlich mehr Ähren liegen, damit Ruth genug Nahrung findet.« Sie machten es so, wie Boas sie angewiesen hatte.

Ruth fühlte sich geborgen in der Nähe von Boas.

Noomi hat einen Plan

Noomi sagte zu Ruth: »Ich weiß, wo Boas übernachtet. Wenn es dunkel ist, suchst du ihn und legst dich einfach ans Fußende seines Bettes.«

Genau so tat es Ruth. Sie schlich sich zum Schlafplatz von Boas und legte sich zu seinen Füßen hin. Als Boas erwachte, fragte er ganz verwundert: »Wer ist da?« Ruth gab ihm zur Antwort: »Ich bin Ruth. Nimm mich bitte zur Frau! Du bist doch der Mann, der nach dem Gesetz helfen muss!« Boas staunte über den Mut von Ruth. Er versprach ihr, alles in die Wege zu leiten, damit sie heiraten können.

Bald danach heirateten Boas und Ruth. Sie waren glücklich. Bald schon bekamen sie ein Kind: Obed. Er war der Großvater von König David.

Samuel

Ein Mann und zwei Frauen

In dieser Zeit war es üblich, dass ein Mann mehrere Frauen haben konnte. Elkana hatte auch zwei Frauen: Peninna hatte bereits Kinder von ihm. Hanna, die andere Frau, konnte leider keine Kinder bekommen. Das war für eine Frau sehr demütigend.

Einmal im Jahr reiste Elkana mit seiner ganzen Familie zum Heiligtum des Herrn nach Schilo. Hanna nutzte die Gelegenheit und schüttete im Heiligtum Gott ihr Herz aus. Sie war so traurig, dass sie keine Kinder bekommen konnte. Hanna bat Gott flehentlich, dass er ihr doch auch ein Kind schenken möge. Sie versprach, dass dieses Kind sein ganzes Leben lang Gott dienen solle. Der Priester Eli beobachtete sie. Er sah, wie sie die Lippen bewegte, und meinte, sie sei betrunken. Als Eli erfuhr, dass sie so traurig war, sagte er zu Hanna: »Gott wird deine Bitte erfüllen!«

Tatsächlich wurde Hanna schwanger, und sie brachte einen Sohn zur Welt. Sie nannte ihn Samuel.

Findest du den Ohrwurm auf den nächsten Bildern?

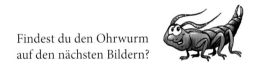

127

Hanna bringt Samuel zum Priester

Als Samuel schon etwas größer war, löste Hanna das Versprechen ein. Sie brachte ihren Sohn in den Tempel. Dort sollte er sein Leben lang Gott dienen. Es war für Hanna nicht einfach, ihren Sohn wegzugeben, aber sie liebte Gott und wollte ihr Versprechen unbedingt halten.

Eines Nachts hörte Samuel eine Stimme, die seinen Namen rief. Er stand auf und ging zu Eli, weil er meinte, dieser habe ihn gerufen. Doch Eli hatte ihn nicht gerufen. Das Gleiche passierte ein zweites und ein drittes Mal. Da sagte Eli zu Samuel: »Wenn du die Stimme wieder hörst, dann sage einfach: ›Rede, Herr, dein Diener hört.‹«

Und wirklich: Samuel hörte die Stimme erneut. Er sagte: »Rede, dein Diener hört.« Da redete Gott zu Samuel. Samuel war als Priester auserwählt. Später wurde er auch Richter über das Volk Israel.

Saul wird König

Das Volk Israel passte sich immer mehr den umliegenden Völkern an. Das führte dazu, dass sie wie alle anderen auch einen König haben wollten.

Eines Tages suchte ein junger Mann namens Saul mit seinem Diener ein paar Eselinnen, die weggelaufen waren. Obwohl sie überall suchten, fanden sie keine Spuren. Schließlich kam Saul zu Samuel, um den Propheten um Rat zu bitten.

Samuel wusste aber schon alles. Er hatte ihnen bereits ein leckeres Essen zubereiten lassen. Am nächsten Tag goss er Saul aus einem Gefäß Öl über den Kopf und salbte ihn so zum König von Israel. Gott selber hatte Samuel diesen Auftrag gegeben.

Zuerst war Saul ein guter König. Er hörte auf Gott und tat das, was Gott von ihm wollte. Mit der Zeit wurde er aber immer selbstherrlicher. Vor einer wichtigen Schlacht hatte er nicht genug Geduld, auf den Priester Samuel zu warten, damit dieser das Opfer darbringen konnte. Weil Samuel einfach noch nicht kam, opferte er das Tier selbst. Das hätte er nicht tun dürfen.

David

Ein Schafhirte wird zum König gesalbt

Weil Sauls Herz immer mehr auf sich selbst bezogen war und er egoistisch und selbstherrlich wurde, beauftragte Gott den Propheten Samuel, einen neuen König zu salben. Gott zeigte ihm, wen er erwählt hatte. Samuel ging zu Isai und salbte seinen jüngsten Sohn David mit Öl zum Nachfolger von Saul. Aber damit wurde David nicht automatisch König. Vorerst ging er zurück aufs Feld zu seinen Schafen.

Saul war immer öfters ganz schlecht gelaunt. Da suchten seine Diener jemanden, der musizieren konnte. Diese Musik sollte den König aufheitern. Jemand schlug David vor. David hat nämlich auf dem Feld bei den Schafen viel gesungen und Musik gemacht. Er konnte vor allem gut Harfe spielen. Da wurde David an den Königshof eingeladen.

Immer dann, wenn Saul eine depressive Verstimmung hatte, musste David ihn mit seinem wohltuenden Harfenspiel aufmuntern. Oft funktionierte das sehr gut. Manchmal nützte aber auch die schönste Melodie nicht viel. Besonders dann, als die Meldung kam, dass die Philister, ein kriegerisches Nachbarvolk, Israel wieder angreifen wollten.

Aus diesem Grund musste König Saul sein Heer sammeln und in den Krieg ziehen.

David und Goliat

Die Israeliten hatten große Angst. Die Philister hatten nämlich einen überaus starken Krieger dabei: Goliat!

Dieser trat jeden Morgen aus dem Zelt und rief den Israeliten zu: »Wenn einer allein gegen mich kämpft und gewinnt, soll Israel Sieger sein über uns Philister. Sollte aber ich gewinnen, dann sind wir Philister Sieger über euch!« Dabei verhöhnte er auch Gott.

Keiner von den Israeliten wollte aber gegen diesen Riesen antreten. Als David seine Brüder im Kriegslager besuchte, hörte er von diesem Goliat. Er ging dem Riesen ohne Schwert und Rüstung mutig entgegen. David hatte nur seine Steinschleuder und seine Hirtentasche mit Steinen darin bei sich. Aber er vertraute Gott. Mit einem gezielten Schuss aus seiner Steinschleuder traf er den Riesen Goliat mitten auf die Stirn. Dieser fiel sofort tot um. Gott hatte David diesen Sieg gegeben.

David bekommt Michal zur Frau

Eigentlich hätte David für seinen Sieg über Goliat die älteste Tochter von König Saul zur Frau bekommen sollen. Doch Saul hielt sich nicht an sein Versprechen und gab sie einem anderen. Saul war eifersüchtig auf David geworden, weil das Volk ihn mehr bewunderte. Saul merkte aber, dass sich Michal, eine seiner jüngeren Töchter, für David interessierte. Da hatte er eine Idee. Er sagte zu David: »Wenn du hundert Philister tötest, erhältst du dafür meine Tochter Michal.« Er hoffte, dass David dabei selbst getötet würde. Aber David zog los und tötete hundert Philister. Jetzt musste Saul David seine Tochter geben.

Saul spürte, dass Gott David zum neuen König ausgewählt hatte. Darum beschloss Saul, David selbst zu töten. Er schickte Soldaten zu seinem Haus. Michal erfuhr davon und verhalf David zur Flucht. Als Sauls Männer in die Wohnung kamen, sagte Michal: »David liegt krank im Bett«. Sie hatte zuvor eine Götzenfigur ins Bett gelegt und den Kopf mit Ziegenhaar zugedeckt. Sauls Männer kehrten wieder um zu König Saul und berichteten ihm von der Krankheit. Dieser antwortete: »Dann bringt mir David samt dem Bett.« Die Wut war groß, als sie erkannten, dass David geflohen war.

David und Jonatan

König Sauls Sohn Jonatan und David waren sehr gute Freunde. David wusste nicht, ob sich Saul beruhigt hatte und ob er wieder zurückkehren konnte. Jonatan wollte es für ihn herausfinden. Deshalb vereinbarte er mit David, dass er sich erkundigte und sie sich dann auf einem einsamen Feld treffen. David sollte sich hinter einem Felsen verstecken. Jonatan sagte: »Wenn ich mit Pfeil und Bogen nicht weit schieße, dann kannst du hervorkommen. Wenn ich aber ganz weit schieße, dann musst du schnell fliehen.« Als Jonatan wiederkam, schoss er den Pfeil sehr weit, zum Zeichen, dass David fliehen musste. Aber David wollte sich noch verabschieden. Darum schlich er hinter dem Felsen hervor. Die beiden Freunde umarmten sich zum Abschied. Beide hatten Tränen in den Augen. Sie versprachen sich erneut ewige Freundschaft, auch für ihre Nachkommen.

Danach machte sich David endgültig auf den Weg in ein fernes Land.

Saul stellt David nach

Saul wusste, dass David sein Nachfolger werden sollte. Damit war er aber absolut nicht einverstanden. Deshalb verfolgte er David bis ins Bergland von En-Gedi. David war nun der Anführer von anderen Flüchtlingen. David versteckte sich mit seinen Leuten in einer Höhle. Als Saul vorbeikam, musste er mal austreten und ging ausgerechnet in die Höhle, in der David mit seinen Leuten war. Die Begleiter von David sagten: »Jetzt kannst du dich rächen. Jetzt kannst du Saul töten.« Doch David sagte: »Saul ist der von Gott eingesetzte König. Es steht mir nicht zu, ihm etwas anzutun.«

David schlich sich von hinten an Saul heran, und als er ganz nahe bei ihm war, schnitt er ein Stück Stoff von seinem Mantel ab. Danach ging Saul wieder hinaus.

Findest du den Tausendfüßler auf den nächsten Bildern?

David gibt sich zu erkennen

Als Saul wieder draußen war und bereits ein Stück den Berg hinuntergestiegen war, kam David aus der Höhle. Er sagte: »Mein Herr und König!« Saul drehte sich um. David verneigte sich vor dem König und fragte: »Warum glaubst du dem Geschwätz von einigen Leuten, die sagen, ich wolle dich töten? Heute kannst du mit eigenen Augen sehen, dass das nicht wahr ist. Vorhin in der Höhle hat der Herr dich mir ausgeliefert. Schau, was ich in der Hand habe! Einen Zipfel deines Mantels. Glaubst du jetzt, dass ich nichts Böses gegen dich im Schilde führe?«

Da begann Saul zu weinen. Er sagte: »Bist du es wirklich, mein Sohn David? Du bist ein besserer Mensch als ich. Du bist gut zu mir. Der Herr möge dich für deine Großzügigkeit belohnen! Ich weiß genau, dass du König werden wirst. Deshalb versprich mir eines: Lass es nicht zu, dass nach meinem Tod alle meine Verwandten getötet werden.« David gab Saul dieses Versprechen. Danach kehrte Saul wieder nach Hause zurück. David blieb weiter in den Bergen.

Die Bundeslade kommt nach Jerusalem

Es gab wieder Krieg gegen die Philister. In diesem Krieg kamen auch Saul und Jonatan um. Die Sippenführer gingen danach zu David und setzten ihn als König ein. Zuerst war er nur König über Juda, später aber auch über alle anderen Stämme Israels.

Leider wurde die Bundeslade mit den Gesetzestafeln vor langer Zeit gestohlen. Sie wurde zwar wieder gefunden, aber nicht mehr in das Heiligtum gebracht. David verordnete, dass die Bundeslade zu ihm nach Jerusalem gebracht werden sollte.

Als die Männer, die die Bundeslade trugen, die ersten sechs Schritte nach Jerusalem zurückgelegt hatten, ließ David sie anhalten. Er opferte Gott einen Stier und ein Mastkalb. Als der Zug sich wieder in Bewegung setzte, tanzte David voll Hingabe neben der Bundeslade her, um den Herrn zu loben. Er war nur mit einem leichten Leinenschurz bekleidet, wie ihn sonst die Priester trugen. Alle Musiker bliesen ihre Hörner. Das Volk jubelte.

Michal schämt sich

Davids Frau Michal schaute aus dem Fenster. Sie sah, wie der König hüpfte und tanzte, und verachtete ihn dafür. Man trug die Bundeslade inzwischen in das Zelt, das David für sie errichtet hatte. Als David nach Hause kam, verspottete Michal ihn. Sie sagte: »Was du getan hast, das tut normalerweise nur das Gesindel.« Darauf antwortete David: »Ich habe dem Herrn zu Ehren getanzt. Ich wäre sogar bereit, mich ihm zur Ehre noch tiefer zu erniedrigen als heute.«

David sieht Batseba

David war nun schon einige Jahre König. Als es Frühling wurde, begann wieder die Zeit, in der die Könige ihre Feldzüge unternehmen. Diesmal blieb der König aber zu Hause und ließ seine Soldaten unter der Führung von Joab losziehen.

Eines Tages ging er auf dem flachen Dach seines Palastes spazieren. Da erblickte er im Hof eines Nachbarhauses eine schöne Frau, die sich gerade wusch. David schickte seine Diener los, um zu erkunden, wer diese Frau war. Sie kamen zurück und meldeten dem König, dass es sich um Batseba, die Frau von Uria, handelte. David ließ die schöne Batseba in seinen Palast holen. Dort schlief er mit ihr.

Nach einiger Zeit merkte Batseba, dass sie schwanger war.

Uria muss sterben

David wollte natürlich vertuschen, dass das Kind von ihm war. David schickte sofort eine Nachricht an seinen Heerführer Joab, mit dem Auftrag, Uria zu sich in den Königspalast zu schicken. Bald kam Uria. David unterhielt sich mit ihm und schickte ihn anschließend heim, damit er bei seiner Frau schlafen konnte.

Doch Uria ging nicht nach Hause, sondern schlief bei der königlichen Leibwache vor dem Tor des Palastes. David hörte davon und ließ Uria am nächsten Morgen gleich wieder zu sich rufen. Er fragte ihn: »Warum hast du nicht bei deiner Frau geschlafen?« Uria antwortete: »Ich kann doch nicht nach Hause gehen, während meine Kameraden im Krieg in Zelten schlafen.« Am Abend lud David ihn wieder ein und machte ihn betrunken. Doch auch diesmal ging Uria nicht heim zu seiner Frau.

Jetzt schickte David Uria wieder zurück in den Krieg. Er gab eine Anweisung für Joab mit. Darin stand: »Lass Uria zuvorderst kämpfen, wo es am gefährlichsten ist.« So kam dann auch bald die Nachricht, dass Uria im Krieg umgekommen ist. Um seine eigene Ehre zu retten, hatte ihn David töten lassen.

Der Prophet Nathan kommt zu David

Als die Trauerzeit der Witwe Batseba vorüber war, ließ David sie zu sich in den Palast bringen. Da meldete sich Nathan, der Prophet, an. Dieser erzählte unaufgefordert eine Geschichte: »Es war ein reicher Mann. Der hatte eine riesige Viehherde. In der gleichen Stadt wohnte auch ein armer Mann, der hatte nur ein Lamm. Da erhielt der reiche Mann Besuch. Aber es reute ihn, eines von seinen vielen Tieren zu schlachten. Deshalb nahm er das Lamm des armen Mannes und ließ es für seinen Gast schlachten.«

David stand auf und sagte: »Das ist ja ungeheuerlich. Dieser Mann soll sterben.« Da sagte Nathan: »Du bist der Mann! Du hast die einzige Frau von Uria genommen, obwohl du viele andere Frauen hast. Deshalb wird das Kind, das sie erwartet, nach der Geburt sterben müssen.« Darüber wurde David sehr traurig. Er entschuldigte sich bei Gott und bat ihn, dass er das Kind leben lassen möge. Doch Gott war konsequent. Das Kind musste sterben.

Einige Zeit später bekamen David und Batseba nochmals einen Sohn. Sie nannten ihn Salomo. Dieser wurde Davids Nachfolger als König.

Salomo

Salomo war ein großer König. Er hatte Macht und Weisheit. Er durfte den Tempel bauen, den David entworfen hatte.

Salomo war auch ein gerechter Richter. Eines Tages stritten sich zwei Frauen um ein Baby. Beide Frauen hatten nämlich ein Kind bekommen. In der Nacht starb eines der Babys. Jetzt behaupteten beide Frauen, dass ihr Baby noch lebte. Salomo musste nun gerecht entscheiden. Er sagte kurzerhand: »Wir teilen das Kind mit einem Schwert in zwei Hälften. Jede Frau erhält eine Hälfte.« Eine Frau sagte: »Okay, also gut.« Die andere Frau schrie: »Nein, bitte nicht, gebt das Kind der anderen Frau, aber lasst es leben!«

Jetzt wusste Salomo, wer die richtige Mutter war, nämlich die, die das Kind am Leben erhalten wollte. Er verfügte, dass das Kind bei der richtigen Mutter bleiben konnte.

Elia

Viele Jahre später lebten im Nordreich von Israel König Ahab mit seiner Frau Isebel. Leider lebten sie nicht nach Gottes Geboten. Sie verfolgten sogar Gottes Propheten und dienten fremden Götzen.

Da ließ Gott Ahab durch den Propheten Elia ausrichten: »Es wird kein Regen mehr fallen, bis ich es sage.« Darauf wurde das Land sehr trocken, und viele hatten Hunger und Durst. Aber Gott versorgte Elia und führte ihn zum Bach Krit. Jeden Morgen schickte Gott Raben vorbei, die Elia Fleisch und Brot brachten.

Dann vertrocknete aber auch dieser Bach, und Elia musste weiterziehen.

Findest du den Raben auf den nächsten Bildern?

Gott schickt Feuer

Einige Zeit später begegnete Elia erneut Ahab. Ahab war sehr wütend auf Elia. Aber Elia sagte: »Du trägst die Schuld, dass es im ganzen Land kein Wasser mehr gibt. Du betest fremde Götter an und gibst dem lebendigen Gott keine Ehre mehr.«

Ahab war sich gar nicht sicher, wer nun wirklich der richtige Gott war. Deshalb willigte er in einen spektakulären Versuch ein. Elia rief alle Baalspriester auf einen Hügel und ließ dort zwei Opferaltare aufbauen. Er sagte: »Derjenige ist der wahre Gott, der Feuer schickt und das Opfer zum Brennen bringt! Niemand von uns darf es selbst anzünden.«

Die Baalspriester begannen zu tanzen, zu schreien, und sie riefen ihre Götzen an. Doch es passierte gar nichts. Nach einiger Zeit befahl Elia: »Bringt Wasser und gießt es über das Holz meines Opfertisches.« Sofort gossen sie viel Wasser auf das Holz. Alles war triefend nass. Dann betete Elia: »Herr, heute sollen alle erkennen, dass du der wahre Gott bist und dass du sie wieder dazu bringen willst, dir allein zu dienen.« Da ließ der Herr Feuer vom Himmel fallen. Es brannte nicht nur das Holz und das Opfer, nein, das Feuer verzehrte sogar die Steine und den Erdboden darunter. Daraufhin begann es wieder zu regnen.

Der Herr holt Elia zu sich

Einige Zeit später war Elia mit seinem Nachfolger Elisa unterwegs. Auch fünfzig Prophetenjünger gingen mit ihnen. Da kamen sie zum großen Fluss Jordan. Die Prophetenjünger blieben in einiger Entfernung zurück. Elia zog seinen Mantel aus und rollte ihn zusammen. Er schlug mit dem Mantel auf das Wasser. Da teilten sich die Fluten, und sie konnten trockenen Fußes das Flussbett durchqueren.

Da sagte Elia zu Elisa: »Ich möchte noch etwas für dich tun, bevor ich gehe! Was wünschst du dir?« Da sagte Elisa: »Ich möchte als dein Nachfolger doppelt so viel vom Prophetengeist bekommen wie die anderen Schüler.« Da erwiderte Elia: »Das liegt nicht in meiner Macht. Aber wenn der Herr dich sehen lässt, wie ich von hier weggeholt werde, dann wirst du erhalten, worum du gebeten hast!«

Während die beiden in ihr Gespräch vertieft weitergingen, erschien plötzlich ein Wagen aus Feuer, gezogen von Pferden aus Feuer, und trennte die Männer voneinander. Und dann wurde Elia in einem Wirbelsturm zum Himmel hinaufgetragen. Elisa sah es und schrie: »Mein Vater, mein Vater! Du Beschützer und Führer von Israel.«

Aber da war schon alles vorbei. Elisa packte sein Gewand und riss es entzwei. Dann hob er Elias Mantel, der zu Boden gefallen war, auf und ging zum Jordan zurück. Wie vorher sein Lehrer Elia schlug er jetzt mit dem Mantel auf das Wasser. Auch jetzt teilten sich die Fluten, und er konnte den Fluss trockenen Fußes durchqueren.

Jetzt war Elisa Prophet in Israel.

Elisa hilft einer Witwe

Ein Mann hatte viele Schulden. Aber dann starb er, und seine Frau war alleine mit den vielen Schulden. Jetzt kam der Geldgeber und wollte sein Geld zurückhaben. Doch die Witwe hatte selbst kaum genug zum Leben. Da wollte der Mann dafür die beiden Söhne der Witwe als Sklaven nehmen.

Die Frau bat Elisa um Hilfe. Er fragte sie: »Hast du noch irgendwelche Vorräte im Haus?« Sie antwortete: »Mein Herr, außer einem kleinen Krug mit Öl habe ich gar nichts mehr.« – »Gut«, sagte Elisa, »geh, und leihe dir von deinen Nachbarn leere Krüge aus, aber nicht zu wenige! Dann gehe mit deinen Söhnen nach Hause und verriegle die Tür. Als Nächstes gießt du dein Öl in die Gefäße.«

Das Öl-Wunder

Die Frau machte alles genau so, wie Elisa es gesagt hatte. Als sie ihren kleinen Rest Öl in die vielen großen und kleinen Krüge schüttete, vermehrte sich das Öl auf wundersame Weise. Sie konnte alle Krüge füllen. Dann verkaufte sie das Öl im ganzen Dorf. Mit dem Erlös konnte sie alle ihre Schulden zurückbezahlen und hatte noch genug Geld, dass sie mit ihren Söhnen leben konnte.

Naaman kommt nach Israel

Der oberste syrische Hauptmann Naaman hatte eine tödliche Krankheit: Aussatz. Er kam deshalb nach Israel, weil er gehört hatte, dass dort auch schon Krankheiten geheilt wurden. Elisa ließ ihn zu sich kommen. Aber er wollte Naaman nicht persönlich treffen und schickte deshalb einen Diener zu ihm. Dieser sagte zu Naaman: »Du musst im Jordan sieben Mal untertauchen, dann wird dein Aussatz verschwinden und du wirst gesund sein.«

Da wurde Naaman zornig, kehrte wieder um und schimpfte: »Ich hatte erwartet, dass der Prophet persönlich zu mir kommt und zu seinem Herrn betet. Ich habe mir vorgestellt, wie er seine Hand über meine kranken Stellen hält und mich von meinem Aussatz befreit. Und überhaupt: Unsere Flüsse in Syrien sind viel sauberer als dieser Jordan.« Wütend machte er sich mit seinen Dienern auf den Heimweg.

Naaman wird geheilt

Einer seiner Diener sagte aber zu Naaman: »Herr, wenn der Prophet etwas Schwieriges von dir verlangt hätte, dann hättest du es sicher auf dich genommen. Und nun hat er dir nur befohlen, dich zu baden, damit du gesund wirst. Dann kannst du es doch erst recht tun.«

Naaman ließ sich umstimmen. Er zog sich aus und stieg ins Wasser. Er tauchte sieben Mal unter, wie es der Bote Gottes befohlen hatte. Und tatsächlich: Seine Haut wurde wieder glatt und rein. Er war gesund!

Jona bekommt einen Auftrag

Einmal sprach der Herr zum Propheten Jona: »Geh in die große und mächtige Stadt Ninive und kündige den Einwohnern an, dass ich sie bestrafen werde, weil sie sehr böse sind.«

Jona machte sich auf den Weg – aber in die entgegengesetzte Richtung. Er wollte vor dem Herrn fliehen. So kam er in die Hafenstadt Jafo. Dort fand er ein Schiff, das ihn nach Tarsis segeln sollte. Er bezahlte das Geld für die Überfahrt und ging an Bord.

Als sie auf dem Meer waren, ließ der Herr einen starken Sturm aufkommen. Das Unwetter tobte so heftig, dass das Schiff auseinanderzubrechen drohte. Jeder schrie zu seinem Gott um Hilfe. Die Seeleute warfen das Los, denn sie glaubten, dass jemand am Unglück schuld war. Das Los fiel auf Jona. Jona verriet ihnen, dass er vor Gott auf der Flucht war. Da bekamen sie noch mehr Angst. Da sagte Jona: »Werft mich ins Meer, dann wird es sich beruhigen.« Nach einigem Zögern packten sie Jona und warfen ihn ins Meer. Sofort legte sich der Sturm.

Findest du die Libelle auf den nächsten Bildern?

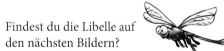

Ein Fisch rettet Jona

Der Herr ließ einen großen Fisch kommen, der Jona verschlang. Drei Tage und drei Nächte war Jona im Bauch des Fisches. Dort betete er zu Gott: »Ich war dem Tode ganz nah, aber du, Herr, hast mich gerettet. Ich wusste nicht mehr aus noch ein, doch du halfst mir aus meiner Not. Ja, der Herr kann allein retten!«

Da befahl der Herr dem Fisch, Jona am Meeresufer auszuspeien. Zum zweiten Mal sprach der Herr zu Jona: »Geh in die große und mächtige Stadt Ninive, und verkündige den Menschen dort die Botschaft, die ich dir auftrage!« Diesmal machte sich Jona auf den Weg nach Ninive, wie der Herr es ihm befohlen hatte.

Jona in Ninive

Die Stadt war so groß, dass man drei Tage brauchte, um sie zu durchqueren. Jona ging in die Stadt hinein, und nachdem er einen Tag lang gelaufen war, rief er: »Noch vierzig Tage werden vergehen, dann wird Gott Ninive in Schutt und Asche legen!«

Da glaubten die Einwohner von Ninive Gott, und es tat ihnen leid, dass sie so böse waren. Sie beschlossen zu fasten, und alle, von den einflussreichsten bis zu den einfachen Leuten, zogen als Zeichen der Reue Kleider aus Sacktuch an. Auch der König von Ninive stieg von seinem Thron, legte sein Königsgewand ab, zog sich ein Trauerkleid an und setzte sich als Zeichen der Buße in Asche. Er befahl: »Alle müssen fasten. Jeder muss vom falschen Weg umkehren! Keiner darf dem anderen mehr Unrecht tun. Vielleicht lässt sich Gott umstimmen und hat Erbarmen mit uns.«

Gott sah, dass die Menschen von ihren falschen Wegen umkehrten. Da ließ er das angedrohte Unheil nicht über sie hereinbrechen.

Gottes Güte geht Jona zu weit

Jona aber ärgerte sich sehr darüber. Er sagte: »Ich habe doch schon immer gewusst, dass du ein gnädiger Gott bist. Deshalb wollte ich auch gar nicht losziehen! Du lässt dich umstimmen und strafst dann doch nicht! Herr, lass mich sterben. Das ist besser, als so weiterzuleben!«

Aber der Herr erwiderte: »Ist es richtig von dir, so wütend zu sein?« Jona verließ Ninive. Östlich der Stadt machte er ein Dach aus Blättern und setzte sich in den Schatten. Er wollte beobachten, was mit der Stadt geschehen würde. Der Herr ließ eine Rizinusstaude über Jona wachsen. Sie sollte ihm noch mehr Schatten geben. Jona freute sich sehr über die Pflanze. Doch am nächsten Tag, kurz vor Sonnenaufgang, ließ Gott einen Wurm die Wurzeln der Staude zerfressen. Die Staude ver-

dorrte. Jona wurde wieder wütend, weil die Staude ihm keinen Schatten mehr gab. Gott fragte wieder: »Ist es recht, wegen der Staude so wütend zu sein?« Jona sagte: »Mit vollem Recht bin ich wütend, am liebsten wäre ich tot.«

Da antwortete Gott: »Du hättest diese Staude lieber leben lassen, obwohl es nur eine Pflanze ist. Ich aber sollte Ninive nicht verschonen, diese große Stadt, in der 120 000 Menschen leben, die Gut und Böse unterscheiden können?«

Daniel

Gefangen in Babylon

Viele Jahre später war Jojakim König der Juden. Seine Vorfahren und er haben Gott immer wieder beleidigt und nicht nach seinen Geboten gelebt. Da ließ Gott es zu, dass der babylonische König Nebukadnezar im Krieg Jerusalem zerstören, wertvolle Tempelgegenstände stehlen und das Volk nach Babylon verschleppen konnte. Die Schätze brachte Nebukadnezar in die Schatzkammer des Tempels seines Gottes.

Er befahl seinem obersten Hofbeamten: »Wähle einige junge Israeliten aus dem jüdischen Königshaus und den vornehmen Familien! Sie sollen gut aussehen und gesund sein. Außerdem müssen sie Weisheit und Bildung mitbringen und eine rasche Auffassungsgabe besitzen; dann sind sie zum Dienst an meinem Hof geeignet. Sie sollen unsere Sprache sprechen und schreiben lernen! Gib ihnen jeden Tag von meinen Speisen und vom gleichen Wein, wie ich ihn trinke. Nach einer dreijährigen Lehre sollen sie in meinen Dienst eintreten.«

Findest du die Kakerlake
auf den nächsten Bildern?

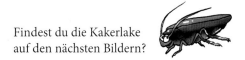

Vier Freunde bitten um reines Essen

Unter den Juden, die ausgesucht wurden, waren Daniel, Hananja, Mischaël und Asarja. Daniel nahm sich fest vor, niemals von der Speise des Königs zu essen und von seinem Wein zu trinken, denn einige Speisen waren für Juden unrein und fremden Göttern geweiht. Darum bat er den Vorsteher, der für sie zuständig war, auf die königlichen Speisen und den Wein verzichten zu dürfen. Der Vorsteher war Daniel wohlgesinnt und zeigte Verständnis. Trotzdem hatte man Bedenken. Wenn der König nämlich merkte, dass die jungen Männer nicht stark und gesund waren, würde er den Vorsteher köpfen! Daniel erbat trotzdem eine Probezeit: »Gib uns doch zehn Tage lang nur Gemüse und Wasser. Dann vergleiche unser Aussehen mit dem der anderen Männer, die vom Tisch des Königs essen. Und dann entscheide, was du in Zukunft tun willst.«

Der Vorsteher willigte ein und erfüllte ihren Wunsch. Daniel und seine Freunde konnten zehn Tage lang Gemüse essen und Wasser trinken. Nach zehn Tagen sahen Daniel und seine Freunde sogar gesünder und kräftiger aus als alle anderen. Deshalb gab der Vorsteher ihnen von nun an immer Gemüse, und sie mussten nichts anderes essen.

Gott schenkte den vier jungen Männern außergewöhnliche Weisheit und Erkenntnis. Schon bald waren sie mit dem gesamten Wissen Babyloniens vertraut. Daniel konnte außerdem Visionen und Träume deuten. Weil sie nach drei Jahren die besten Prüfungen ablegten, wurden sie vom König als Berater eingestellt. Der König hatte erkannt, dass sie allen Wahrsagern und Geisterbeschwörern seines Landes weit überlegen waren.

Die goldene Statue

König Nebukadnezar ließ eine goldene Statue von dreißig Meter Höhe und drei Meter Breite anfertigen und aufstellen. Zur Einweihung lud er viele Würdenträger und Beamte des Landes ein. Auch die drei Freunde von Daniel waren anwesend. Der König befahl, dass alle Anwesenden diese Statue anbeten sollten, sobald die Musik zu spielen beginne. Wer dies nicht tue, solle in den Feuerofen geworfen werden. Als die Musik zu spielen begann, knieten alle Leute nieder. Nur die drei Freunde von Daniel blieben stehen. Sie wollten allein Gott anbeten, niemals aber einen Götzen.

Als der König von dieser Verweigerung erfuhr, wollte er ihnen nochmals eine Chance geben. Aber die drei Freunde sagten: »Das ist nicht nötig. Wir werden uns nur vor unserem Gott niederwerfen, aber nicht vor einem Götzen.« Da wurde der König wütend und ordnete an, den Ofen sieben Mal stärker als gewöhnlich zu heizen. Er ließ die Männer fesseln und in den Ofen werfen. Der Ofen war so heiß und die Flammen schlugen so weit aus dem Ofen, dass sogar die Soldaten getötet wurden, die die drei Freunde in den Ofen warfen.

Der vierte Mann

Plötzlich sprang Nebukadnezar entsetzt auf und fragte seine Beamten: »Haben wir nicht drei Männer gefesselt und in den Ofen geworfen?« – »Ja, sicher!«, antwortete ein Beamter. »Warum sehe ich aber vier Männer ohne Fesseln im Feuer umhergehen?«, rief der König. »Sie verbrennen nicht, und der vierte sieht aus wie ein Engel!« Der König trat näher an die Öffnung des Ofens heran und schrie: »Ihr Diener des höchsten Gottes, kommt heraus!« Da kamen die drei aus dem Ofen. Alle Anwesenden sahen, dass das Feuer den Männern nichts hatte anhaben können. Nicht ein Haar auf ihrem Kopf war verbrannt. Ihre Kleider waren völlig unbeschädigt, sie rochen nicht einmal nach Rauch.

Der König rief: »Gelobt sei Gott! Er hat seinen Engel gesandt, um diese Männer zu retten, die ihm dienen und sich auf ihn verlassen. Deshalb erlasse ich einen Befehl für alle Völker und Länder: Wer über ihren Gott etwas Verächtliches sagt, wird in Stücke gehauen. Es gibt keinen anderen Gott, der auf eine solche Weise retten könnte!«

Daniel wird verraten

Inzwischen waren viele Jahre vergangen. Darius war jetzt König in Babylon, und Daniel hatte einen sehr hohen Beamtenposten. Daniel war begabter und klüger als alle anderen Beamten. Der König dachte sogar daran, ihm die Verwaltung des ganzen Landes zu übergeben. Da wurden die anderen Beamten eifersüchtig auf Daniel. Sie suchten einen Grund, um ihn anklagen zu können. Doch Daniel war weder nachlässig noch bestechlich.

Da hatten sie eine Idee. Sie gingen zum König und baten ihn, ein neues Gesetz zu unterschreiben. Im Gesetz stand: »Wer in den kommenden dreißig Tagen eine Bitte oder ein Gebet an irgendeinen Gott oder Menschen richtet außer an den König, der soll in die Löwengrube geworfen werden.« Die Beamten wussten genau, dass Daniel jeden Tag zu Gott betete.

Der König unterschrieb dieses Gesetz.

Kaum hatte der König das Gesetz unterschrieben, gingen sie zu Daniels Haus. Sie beobachteten, wie er zu Gott betete. Sofort liefen sie zum König und berichteten ihm: »Obwohl du es verboten hast, setzt sich Daniel über dein Verbot hinweg. Dreimal am Tag betet er zu seinem Gott! Du musst ihn in die Löwengrube werfen!«

Als der König das hörte, war er bestürzt. Den ganzen Tag dachte er darüber nach, wie er Daniel retten könnte, aber bis zum Sonnenuntergang hatte er immer noch keine Lösung gefunden. Da blieb ihm nichts anderes übrig, als Daniel verhaften und in die Löwengrube werfen zu lassen.

Daniel in der Löwengrube

Darius sagte zu Daniel: »Dein Gott, dem du so treu dienst, möge dich retten!« Dann wurde ein Stein auf die Öffnung der Grube gewälzt. Der König versiegelte ihn mit seinem Siegelring. Danach zog sich Darius in seinen Palast zurück. Er aß die ganze Nacht nichts und konnte nicht schlafen. Am anderen Morgen lief er schnell zur Löwengrube und rief ängstlich: »Daniel, du Diener des lebendigen Gottes! Hat dein Gott dich vor den Löwen retten können?« Daniel antwortete: »Lang lebe der König! Mein Gott hat seinen Engel gesandt. Er hat den Löwen den Mund verschlossen, darum konnten sie mir nichts antun. Denn Gott weiß, dass ich unschuldig bin.«

Darius war erleichtert. Sofort befahl er, Daniel aus der Löwengrube zu holen. Man fand nicht die geringste Verletzung an ihm, denn er hatte seinem Gott vertraut. Daniel genoss während der ganzen Regierungszeit des Darius und auch unter der Herrschaft des Königs Kyrus hohes Ansehen.

Esther

Esther wird Königin

Xerxes war König über das Land Persien, zu dem auch Babylonien gehörte. Zu seinem dreijährigen Jubiläum als König gab er ein großes Fest. Es wurde gefeiert und gejubelt, alles schien bestens zu laufen. Der König zeigte seinen ganzen Reichtum. Da wollte er den Leuten auch noch seine Frau zeigen, die Königin Wasti. Doch sie weigerte sich zu kommen. Das konnte der König nicht dulden. Deshalb verstieß er die Königin. Seine Diener suchten ihm eine neue Frau. Sie brachten viele junge Mädchen in den Palast, damit sich der König eine neue Königin erwählen konnte.

In der Stadt lebte auch eine junge jüdische Frau mit dem Namen Esther. Sie war sehr schön. Man holte auch sie in den Palast, und schon bald bekam sie einen Ehrenplatz unter allen Frauen.

Esthers Familie stammte von den Gefangenen ab, die der König Nebukadnezar aus Jerusalem verschleppt hatte. Ihre Eltern waren schon gestorben. Deshalb lebte sie bei ihrem Cousin Mordechai. Dieser schärfte ihr ein: »Sag niemandem, dass du Jüdin bist! Sei vorsichtig.« Nachdem sie sich zwölf Monate im Palast vorbereitet hatte, wurde sie dem König erstmals vorgeführt. Xerxes verliebte sich in Esther und ließ sie als neue Königin über das persische Reich ausrufen.

Findest du die Libelle auf den nächsten Bildern?

Mordechai verneigt sich nicht vor Haman

Zu dieser Zeit machte der König einen Mann namens Haman zum höchsten Beamten im Land. Haman kam aus einer sehr reichen Familie. Alle Mitarbeiter am Hof verbeugten sich tief, wenn er vorüberritt. Eines Tages bemerkte Haman, dass sich Mordechai nie vor ihm verbeugte. Er erkundigte sich nach dem Namen dieses Mannes. »Der ist ein Jude«, informierte ihn ein Torwächter. »Die dürfen sich nur vor ihrem Gott verbeugen!«

Von diesem Augenblick an konnte Haman Mordechai und alle anderen Angehörigen seines Volkes nicht leiden.

Haman fing an, den König gegen die Juden aufzuhetzen. Er erreichte, dass Xerxes einen Befehl erließ, dass an einem bestimmten Tag alle Juden getötet würden und man ihnen ihren Besitz wegnehmen dürfte. Mordechai schickte Esther eine Nachricht. Darin stand: »Du musst unbedingt beim König für dein Volk um Gnade bitten! Vielleicht bist du ja gerade deshalb Königin geworden.«

Es war aber sehr gefährlich, unaufgefordert vor den König zu treten. Esther betete und fastete drei Tage lang. Dann fasste sie Mut und ging zum König. Sie wollte sich für ihr Volk einsetzen, auch wenn sie dafür vielleicht sterben musste.

Esther beim König

Esther zog ihr schönstes Kleid an. So ging sie zum König. Als sie vor ihm stand, spürte sie, dass der König sich freute. Er fragte Esther: »Was hast du auf dem Herzen?« Sie antwortete dem König: »Wenn es dir recht ist, mein König, dann möchte ich dich und Haman gerne zu mir zum Abendessen einladen.« Xerxes nahm die Einladung an und ließ Haman ausrichten, dass auch er rechtzeitig zum Abendessen erscheinen sollte.

Haman und der König bei Esther

So kamen der König und Haman zu Esthers Festmahl. Während sie Wein tranken, fragte der König: »Nun, was hast du auf dem Herzen? Ich will dir jeden Wunsch erfüllen, auch wenn du die Hälfte meines Königreiches forderst!« Esther antwortete: »Ja, ich habe eine große Bitte: Schenke mir und meinem Volk das Leben. Man hat sich gegen mich und mein Volk verschworen und will es ausrotten.«

Da fragte Xerxes die Königin: »Wer wagt, so etwas zu tun?« Esther antwortete: »Der Feind, der uns töten will, ist Haman!« Haman fuhr erschrocken zusammen. Er flehte bei der Königin um sein Leben, denn er wusste, dass ihn Xerxes zum Tod verurteilen würde.

Haman hatte schon einen 25 Meter hohen Galgen aufstellen lassen. Daran wollte er Mordechai aufhängen lassen. Jetzt wurde er aber selber von den Henkern gepackt und an diesem Galgen aufgehängt. Erst als Haman tot war, legte sich der Zorn des Königs.

Danach setzte der König Mordechai zum Verwalter über das Land.

Ein Engel kommt zu Maria

Maria wohnte in Nazareth. Sie war mit dem Zimmermann Josef, einem Nachkommen des Königs Davids, verlobt. Da kam ein Engel Gottes zu ihr und sagte: »Guten Tag, Maria, Gott ist mit dir! Er hat dich unter allen Frauen auserwählt!«

Maria fragte sich erschrocken, was das bedeuten könnte. Der Engel fuhr fort: »Hab keine Angst, Maria, Gott hat dich zu etwas Besonderem auserwählt. Du wirst schwanger werden und einen Sohn zur Welt bringen. Jesus soll er heißen. Er wird mächtig sein, und man wird ihn ›Gottes Sohn‹ nennen. Gott, der Herr, wird ihm den Königsthron Davids übergeben. Er wird die Nachkommen Jakobs für immer regieren. Seine Herrschaft wird nie zu Ende gehen.«

Maria fragte: »Wie kann das geschehen? Ich bin doch noch gar nicht verheiratet.« Der Engel sagte: »Der Heilige Geist wird über dich kommen, und die Kraft Gottes wird sich an dir zeigen.« Da sagte Maria: »Ich will mich dem Herrn ganz zur Verfügung stellen.« Darauf verließ sie der Engel.

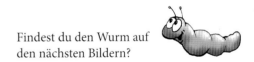

Findest du den Wurm auf den nächsten Bildern?

Maria besucht Elisabeth

Zuerst sagte Maria niemandem etwas von dieser Begegnung mit dem Engel. Aber schon nach kurzer Zeit spürte sie, dass sie wirklich schwanger war. Sie machte sich auf, um ihre Verwandte Elisabeth zu besuchen. Auch Elisabeth war schwanger, und auch ihr Kind war von einem Engel angekündigt worden. Beide Frauen waren sehr glücklich. Maria dankte Gott jeden Tag für seine Liebe und Güte zu ihr.

Maria blieb etwa drei Monate bei Elisabeth und kehrte dann nach Hause zurück.

Maria und Josef reisen nach Bethlehem

Josef war gar nicht begeistert, als er erfuhr, dass Maria schwanger war. Schließlich war er nicht der leibliche Vater. Aber da erschien ihm ein Engel im Traum. Dieser sagte ihm, dass er bei Maria bleiben solle. Da heiratete er Maria, denn er liebte sie sehr.

Zu dieser Zeit befahl der Kaiser Augustus, dass alle Bewohner des Römischen Reiches gezählt werden sollen. Jeder musste dazu in seinen Heimatort gehen, um sich dort eintragen zu lassen. So reisten Maria und Josef nach Bethlehem. Bethlehem war Josefs Geburtsort.

Sie finden keinen Platz

Als sie Bethlehem erreichten, kam für Maria die Stunde der Geburt. Doch Josef fand nirgends ein freies Hotelzimmer. Alles war besetzt, denn es herrschte wegen der Volkszählung großer Betrieb.

Schließlich gab ihnen jemand einen Platz in einem Stall.

Jesus kommt in einem Stall zur Welt

In diesem einfachen Stall – darin waren auch Tiere – brachte Maria ihren ersten Sohn zur Welt. Sie wickelte ihn in Windeln und legte ihn in eine Futterkrippe.

In dieser Nacht bewachten draußen auf dem Feld einige Hirten ihre Schafherden. Plötzlich trat ein Engel zu ihnen, und Gottes Licht umstrahlte sie. Die Hirten erschraken sehr, aber der Engel sagte: »Fürchtet euch nicht! Ich verkündige euch eine Botschaft, die das ganze Volk mit großer Freude erfüllt: Heute ist für euch in der Stadt, in der David schon geboren wurde, der lang ersehnte Retter zur Welt gekommen. Es ist Christus, der Herr. Und daran werdet ihr ihn erkennen: Das Kind liegt in Windeln gewickelt in einer Futterkrippe.«

Auf einmal waren sie umgeben von unzähligen Engeln, die Gott lobten: »Ehre sei Gott im Himmel! Denn er bringt der Welt Frieden und wendet sich den Menschen zu.«

Nachdem die Engel in den Himmel zurückgekehrt waren, beschlossen die Hirten, nach Bethlehem zu gehen und das Kind zu suchen.

Die Hirten finden das Kind

Tatsächlich fanden die Hirten Josef und Maria mit ihrem Kind. Als sie es sahen, erzählten die Hirten, was ihnen der Engel über das Kind gesagt hatte. Alle, die ihren Bericht hörten, waren sehr erstaunt.

Nach ihrem Besuch kehrten die Hirten auf das Feld zurück. Sie lobten und dankten Gott für das, was sie in dieser Nacht erlebt hatten. Es war alles so gewesen, wie der Engel es ihnen gesagt hatte.

Sterndeuter folgen dem Stern

Sterndeuter aus dem Orient sahen den Stern eines neuen Königs aufgehen. Sie machten sich auf den Weg, um diesen neuen König zu besuchen. In Jerusalem sprachen sie bei König Herodes vor. Sie fragten ihn: »Wo ist der neue König der Juden?« Herodes wusste nichts von einem neuen König. Aber er fragte die Schriftgelehrten und Priester. Diese wussten aus den alten Schriften, dass in Bethlehem einmal ein Herrscher auf die Welt kommen könnte.

Die Sterndeuter versprachen Herodes wiederzukommen, falls sie den neuen König finden würden. Dann verabschiedeten sie sich. Schließlich fanden sie das Kind in Bethlehem, brachten ihm Geschenke und beteten es an.

Aber Herodes wollte das Kind töten. In der Nacht hatten die Sterndeuter einen Traum. Gott befahl ihnen, nicht mehr zu Herodes zurückzugehen. Deshalb wählten sie für die Heimreise einen anderen Weg. Herodes war darüber sehr wütend.

Der 12-jährige Jesus im Tempel

Jesus wuchs in Nazareth bei Maria und Josef auf. Jahr für Jahr besuchten seine Eltern das Passafest in Jerusalem. Als Jesus zwölf Jahre alt war, durfte er auch mitgehen. Als sich die Eltern wieder auf den Heimweg machten, bemerkten sie nicht, dass Jesus nicht bei ihnen war. Sie dachten: »Er wird mit Verwandten oder mit Freunden gegangen sein.« Als sie ihn am Abend jedoch immer noch nicht fanden, kehrten sie besorgt um und suchten ihn überall in Jerusalem.

Endlich, nach drei Tagen, entdeckten sie Jesus im Tempel. Er saß bei den Schriftgelehrten, hörte ihnen aufmerksam zu und stellte Fragen. Alle wunderten sich über sein Verständnis und über seine Antworten. Als Jesus seine Eltern sah, sagte er: »Warum habt ihr mich gesucht? Habt ihr nicht gewusst, dass ich im Haus meines Vaters sein muss?«

Doch die Eltern begriffen nicht, was er damit meinte. Dann kehrten sie gemeinsam nach Nazareth zurück.

Jesus beginnt zu wirken

Johannes tauft Jesus

Der Sohn von Elisabeth war inzwischen erwachsen. Er hieß Johannes, und er rief den Menschen zu: »Kehrt um zu Gott! Denn jetzt beginnt eine neue Welt!« Die Menschen kamen in Scharen zu Johannes, um sich taufen zu lassen.

Wieder einmal waren viele Menschen bei ihm, da kam auch Jesus, um sich taufen zu lassen. Aber Johannes versuchte ihn zuerst davon abzubringen: »Ich müsste eigentlich von dir getauft werden, und du kommst zu mir?« Jesus antwortete: »Lass es geschehen, denn wir müssen alle tun, was Gott will.« Da gab Johannes nach.

Gleich nach der Taufe stieg Jesus wieder aus dem Wasser. Der Himmel öffnete sich über ihm, und Johannes sah den Geist Gottes wie eine Taube auf Jesus herabkommen. Gleichzeitig sprach eine Stimme vom Himmel: »Dies ist mein geliebter Sohn, der meine ganze Freude ist!«

Jesus beruft die ersten Jünger

Jesus predigte am See Genezareth. Am Ufer lagen zwei Boote. Jesus stieg in ein Boot und bat Simon, den man auch als Petrus kennt, ihn ein bisschen hinauszurudern, damit er vom Boot aus predigen konnte. Anschließend sagte er zu Simon Petrus: »Fahrt nochmals hinaus auf den See und werft eure Netze aus!« – »Herr«, erwiderte Simon Petrus, »wir haben die ganze Nacht gefischt und nichts gefangen. Aber weil du es sagst, will ich es wagen.«

Sie warfen die Netze aus und fingen jetzt so viele Fische, dass die Netze zu reißen anfingen.

Als Simon Petrus das sah, fiel er erschrocken vor Jesus nieder und rief: »Herr, geh weg von mir! Ich bin ein sündiger Mensch!« Er und alle anderen Fischer waren fassungslos über diesen Fang. Aber Jesus sagte zu Simon Petrus: »Du musst keine Angst haben! Du wirst jetzt keine Fische mehr fangen, sondern Menschen für mich gewinnen.« Petrus, sein Bruder Andreas sowie Jakobus und Johannes, die auch dabei waren, brachten ihre Boote an Land, ließen alles liegen und gingen mit Jesus.

Immer wieder traf Jesus Menschen, die er aufforderte, mit ihm durch das Land zu ziehen und von ihm zu lernen. Schließlich hatte er eine Gruppe von zwölf Männern, die bereit waren, ihm bedingungslos nachzufolgen: Simon Petrus, Jakobus, Johannes, nochmals ein Jakobus, Judas Iskariot, Philippus, Andreas, Judas Thaddäus, Nathanael Bartholomäus, Simon der Freiheitskämpfer, Thomas und Matthäus Levi.

Findest du die Eidechse auf den nächsten Bildern?

Hochzeit in Kana

Jesus war mit seinen Jüngern zu einem Hochzeitsfest eingeladen. Auch seine Mutter Maria war dort. Während des Festes ging der Wein aus. Maria sagte zu Jesus: »Es ist kein Wein mehr da!« Da entgegnete Jesus seiner Mutter: »Du darfst mir nicht vorschreiben, was ich zu tun habe!« Da sagte seine Mutter zu den Dienern: »Was er euch auch befiehlt, das tut!«

Im Haus gab es sechs steinerne Wasserkrüge. Jesus forderte die Diener auf: »Füllt diese Krüge bis zum Rand mit Wasser. Dann bringt ihr dem Chef der Feier eine Kostprobe!« Die Diener taten es, wie es Jesus befohlen hatte. Der Chef war sehr verwundert, dass man erst jetzt den besten Wein servieren wollte. Normalerweise bot man den besten Wein zu Beginn der Feier an.

Jesus zeigte damit zum ersten Mal seine göttliche Kraft, und seine Jünger glaubten an ihn.

Jesus erklärt den Menschen das Reich Gottes, seine neue Welt

Viele Menschen wollten Jesus hören. Deshalb stieg er auf einen Berg, damit ihn mehr Menschen sehen konnten. Seine Jünger waren ganz nahe bei ihm. Er erklärte ihnen das Gesetz. Er sprach von der Liebe von Gott. Er ermunterte die Menschen, Gott von ganzem Herzen und mit aller Kraft zu lieben. Er sagte auch, dass man den Nächsten so lieben soll wie sich selbst. Er forderte die Menschen auf, Gutes zu tun. Er erklärte den Leuten, wie sie zu Gott beten sollen.

Jesus ermutigte die Menschen, einander immer wieder zu vergeben. Er sprach eindringlich auf die Leute ein, sich keine Sorgen zu machen. Er verglich dies sogar mit Vögeln, die keine Vorräte anlegen, weil der Vater im Himmel für sie sorgt. Er sagte den Menschen, sie sollten kein vorschnelles Urteil über andere fällen. Man sollte den Fehler doch bitte auch mal bei sich selber suchen. Er ermutigte die Menschen, in der Welt ein Licht auszustrahlen und das Lebenshaus nicht auf Sand, sondern auf Felsen zu bauen.

Als Jesus seine lange Rede beendet hatte, waren die Zuschauer von seinen Worten tief beeindruckt. Denn anders als die Schriftgelehrten sprach Jesus mit einer Vollmacht, die Gott ihm verliehen hatte.

Jesus hat die Macht, Sünden zu vergeben

Jesus war in Kapernaum im Haus von Simon. Viele Menschen wollten ihn hören. Es war nicht genug Platz im Haus. Die Menschen standen auch draußen und versperrten den Eingang.

Da kamen vier Männer, die einen Gelähmten trugen. Weil sie wegen der vielen Menschen nicht bis zu Jesus vordringen konnten, deckten sie über ihm das Dach ab. Durch diese Öffnung ließen sie den Gelähmten auf seiner Trage hinunter. Jesus sah ihren festen Glauben und sagte zu dem Gelähmten: »Mein Sohn, deine Sünden sind dir vergeben!«

Einige Schriftgelehrte dachten: »Das ist Gotteslästerung! Was bildet der sich ein? Nur Gott allein kann Sünden vergeben.« Jesus durchschaute sie und fragte: »Was ist leichter? Zu sagen: dir sind deine Sünden vergeben, oder diesen Gelähmten zu heilen? Ich will euch zeigen, dass der Menschensohn die Macht hat, hier auf der Erde Sünden zu vergeben!«

Danach forderte er den Gelähmten auf: »Stehe auf, nimm deine Trage und gehe nach Hause!« Da stand der Mann auf, nahm seine Trage und ging vor den Augen aller Leute hinaus. Fassungslos sahen ihm die Menschen nach. So etwas hatten sie noch nie erlebt. Alle lobten Gott.

Herr über Wind und Wellen

Danach stieg Jesus in ein Boot und fuhr mit seinen Jüngern weg. Mitten auf dem See brach ein gewaltiger Sturm los, so dass die Wellen ins Boot schlugen. Aber Jesus schlief. Da weckten ihn die Jünger und riefen voller Angst: »Herr, hilf uns, wir gehen unter!«

Jesus antwortete: »Warum habt ihr Angst? Habt ihr kein Vertrauen zu mir?« Dann stand er auf und streckte seinen Arm aus. Sofort legte sich der Sturm, und es wurde ganz still. Die Jünger fragten sich voller Staunen: »Was ist das für ein Mensch? Selbst Wind und Wellen gehorchen ihm!«

Eine Frau wird vom Bluten geheilt

Einmal kam ein Mann namens Jaïrus zu Jesus. Er bat ihn, schnell zu ihm nach Hause zu kommen. Seine Tochter sei schwer krank. Während Jesus auf dem Weg zu Jaïrus war, berührte eine Frau von hinten heimlich das Ende seines Kleides. Die Frau litt schon seit zwölf Jahren an schweren Blutungen. Sie dachte: »Wenn ich wenigstens seine Kleider berühren kann, werde ich bestimmt gesund.« Jesus drehte sich um, sah sie an und sagte: »Sei unbesorgt, meine Tochter! Dein Glaube hat dir geholfen.« Im selben Augenblick war die Frau gesund.

Jesus erweckt die Tochter von Jaïrus zum Leben

Jesus und Jaïrus eilten weiter. Da kamen ihnen plötzlich Männer entgegen. Sie sagten: »Jesus muss nicht mehr kommen. Jaïrus, deine Tochter ist gestorben.« Aber Jesus sagte: »Erschrick nicht, Jaïrus. Hab nur Vertrauen.« Da gingen sie weiter.

Als sie zum Haus von Jaïrus kamen, sah er den Tumult der Leute und hörte die Trauermusik. Er sagte: »Geht alle hinaus! Das Mädchen ist nicht tot, es schläft nur!« Da lachten sie ihn aus. Als die Leute endlich weg waren, trat Jesus in das Zimmer des Mädchens und nahm die Hand des Kindes und sagte: »Steh auf, Mädchen.« Da stand es auf und war gesund. Die Nachricht davon verbreitete sich jetzt wie ein Lauffeuer in der ganzen Gegend.

Viele Menschen werden satt

Jesus war in Betsaida und wollte eigentlich mit seinen Jüngern allein sein. Die Menschen erfuhren aber schnell, wo Jesus war. Sie folgten ihm in Scharen. Er schickte sie nicht fort, sondern sprach zu ihnen über die neue Welt Gottes und heilte die Kranken. Es war spät geworden. Da kamen die Jünger zu Jesus und sagten: »Es wird Zeit, dass sich die Leute in der Umgebung verpflegen können. Sie sind hungrig!« Jesus antwortete: »Ihr könnt ihnen zu essen geben!« Doch die Jünger konnten nur fünf Brote und zwei Fische auftreiben. Das würde niemals für die fünftausend Männer und zusätzlich für die Frauen und Kinder reichen.

Da sagte Jesus: »Sagt ihnen, sie sollen sich zu je fünfzig Personen in Gruppen hinsetzen!« Jesus nahm die fünf Brote und die zwei Fische, sah zum Himmel auf und segnete sie. Er teilte Brot und Fische, reichte sie seinen Jüngern, und die Jünger gaben sie den Menschen. Er teilte die Brote immer und immer wieder, bis alle satt waren. Als man die Reste einsammelte, blieben noch zwölf volle Körbe übrig.

Findest du den Schmetterling
auf den nächsten Bildern?

Jesus geht auf dem Wasser

Jesus befahl seinen Jüngern, mit einem Boot ans andere Ufer des Sees zu fahren. Er selbst blieb zurück. Er wollte allein auf einem Berg beten. Es wurde Nacht. Das Boot war weit draußen auf dem See. Da brach ein schwerer Sturm los. Die Jünger konnten kaum noch steuern. Am frühen Morgen kam Jesus auf dem Wasser zu ihnen. Als die Jünger ihn sahen, schrien sie vor Entsetzen, denn sie hielten Jesus für ein Gespenst. Doch Jesus sagte: »Fürchtet euch nicht, ich bin es doch!« Da rief Petrus: »Herr, wenn du es wirklich bist, lass mich auf dem Wasser zu dir kommen!« Jesus antwortete: »Komm her!«

Petrus stieg aus dem Boot und ging Jesus auf dem Wasser entgegen. Als Petrus die hohen Wellen sah, erschrak er, und im selben Moment begann er zu sinken. »Herr, hilf mir!«, schrie er. Jesus streckte ihm seine Hand entgegen und sagte: »Hast du so wenig Glauben, Petrus? Vertrau mir doch!« Sie stiegen wieder ins Boot, und der Sturm legte sich. Da fielen alle vor Jesus nieder und riefen: »Du bist wirklich der Sohn Gottes!«

Drei Jünger erleben Jesu Herrlichkeit

Jesus stieg mit Petrus, Johannes und Jakobus auf einen Berg, um zu beten. Als Jesus betete, veränderte sich sein Gesicht, und seine Kleider strahlten hell. Plötzlich standen zwei Männer da und redeten mit ihm: Mose und Elia. Die Jünger waren eingeschlafen. Als sie erwachten, sahen sie Jesus von Licht umstrahlt und die zwei Männer bei ihm. Schließlich wollten die zwei Männer gehen. Da rief Petrus: »Meister, hier gefällt es uns. Wir wollen drei Hütten bauen, für dich, für Mose und für Elia.«

Während er sprach, fiel der Schatten einer Wolke auf sie. Die Wolke hüllte sie ein. Dann hörten sie eine Stimme:

»Das ist mein lieber Sohn, auf ihn sollt ihr hören!« Dann war Jesus wieder allein. Die Jünger sprachen lange Zeit nicht über das, was sie erlebt hatten.

Wer ist der Größte?

Einmal diskutierten die Jünger darüber, welcher von ihnen der Wichtigste sei. Jesus merkte, was sie beschäftigte. Er rief ein Kind, stellte es neben sich und sagte: »Wer ein solches Kind mir zuliebe aufnimmt, der nimmt mich auf. Und wer mich aufnimmt, der nimmt damit Gott selbst auf, weil Gott mich gesandt hat. Wer der Geringste unter euch allen ist, der ist wirklich groß!«

Die zehn Aussätzigen

In einem Dorf begegneten Jesus und seine Jünger zehn Aussätzigen. Im vorgeschriebenen Abstand blieben sie stehen und riefen: »Jesus, Meister! Hab Erbarmen mit uns!« Er sah sie an und forderte sie auf: »Geht zu den Priestern und zeigt ihnen, dass ihr geheilt seid!«

Auf dem Weg dorthin wurden alle zehn gesund. Einer von ihnen lief zu Jesus zurück. Laut lobte er Gott. Er warf sich vor Jesus nieder und dankte ihm. Er war ein Mann aus Samarien.

Jesus fragte: »Habe ich nicht zehn geheilt? Wo sind denn die anderen neun? Weshalb kommt nur einer zurück, dazu noch ein Fremder, um sich bei Gott zu bedanken?« Zum Samariter sagte er: »Steh auf! Dein Glaube hat dir geholfen!«

Jesus segnet die Kinder

Einige Eltern brachten ihre Kinder zu Jesus, damit er sie segnete. Als die Jünger das sahen, wollten sie die Eltern mit den Kindern wegschicken. Doch Jesus rief die Kinder zu sich und sagte: »Lasst die Kinder zu mir kommen, und haltet sie nicht zurück! Denn für Menschen wie sie ist Gottes neue Welt bestimmt. Wer sich die neue Welt nicht wie ein Kind schenken lässt, dem bleibt sie verschlossen.«

Jesus heilt den blinden Bartimäus

Jesus und seine Jünger waren unterwegs nach Jericho. In der Nähe der Stadt saß ein Blinder am Straßenrand und bettelte. Er hieß Bartimäus. Er hörte den Lärm der vorbeiziehenden Leute und fragte: »Was ist los?« Einige riefen ihm zu: »Jesus von Nazareth kommt nach Jericho!« Als Bartimäus das hörte, schrie er laut: »Jesus, du Sohn Davids, hab Erbarmen mit mir!« Die Leute fuhren ihn an und sagten: »Halt den Mund!« Aber Bartimäus schrie noch lauter.

Da blieb Jesus stehen und ließ den Mann zu sich bringen. Er fragte ihn: »Was soll ich für dich tun?« – »Herr«, flehte ihn der Blinde an, »ich möchte sehen können!« Da sagte Jesus: »Du sollst wieder sehen! Dein Glaube hat dir geholfen.« Im selben Augenblick konnte der Blinde sehen. Er ging mit Jesus und lobte Gott. Zusammen mit ihm lobten und dankten alle, die seine Heilung miterlebt hatten.

Viel Geld – aber kein Opfer

Jesus setzte sich in die Nähe des Opferkastens im Tempel und beobachtete die Leute, die ihre Gaben einwarfen. Viele Reiche spendeten hohe Beträge. Es kam auch eine Witwe und warf zwei ganz kleine Münzen in den Opferkasten. Jesus rief seine Jünger zu sich und sagte: »Eines ist sicher: Diese Witwe hat mehr gegeben als alle anderen. Die Reichen haben nur etwas von ihrem Überfluss gegeben, aber diese Frau ist arm und gab alles, was sie hatte – sogar das, was sie dringend zum Leben gebraucht hätte.«

Lazarus

Jesus hatte Freunde in Bethanien: Lazarus und seine beiden Schwestern Maria und Martha. Plötzlich wurde Lazarus sehr krank. Seine beiden Schwestern ließen Jesus eine Botschaft überbringen. Als Jesus das hörte, sagte er: »Diese Krankheit führt letztlich nicht zum Tod, sondern durch sie soll die Macht Gottes sichtbar werden, und auch der Sohn Gottes wird dadurch geehrt.«

Trotzdem starb Lazarus. Als Jesus bei ihm ankam, war er bereits vier Tage im Grab. Martha sagte zu Jesus: »Herr, wärst du hier gewesen, würde mein Bruder noch leben. Aber auch jetzt weiß ich, dass Gott dir alles geben wird, worum du ihn bittest!« Da sagte Jesus zu ihr: »Dein Bruder wird auferstehen!« Als Jesus sah, wie die Trauergäste alle weinten, sagte er: »Wo habt ihr ihn hingelegt?« Sie sagten: »Komm, Herr, wir zeigen es dir.« Jesus war tief bewegt. Er trat an das Grab. Es war eine Höhle, die mit einem großen Stein verschlossen war. Jesus befahl: »Nehmt den Stein weg!« Sie taten es. Dann rief er laut: »Lazarus, komm heraus!« Da kam Lazarus tatsächlich heraus. Hände und Füße waren mit Grabtüchern umwickelt, und auch sein Gesicht war mit einem Tuch verhüllt. Jesus forderte die Leute auf: »Nehmt ihm die Tücher ab und lasst ihn gehen!«

Das Gleichnis vom unbarmherzigen Schuldner

Petrus fragte Jesus: »Herr, wie oft muss ich meinem Bruder vergeben, wenn er mir Unrecht tut? Ist sieben Mal genug?« – »Nein«, antwortete Jesus. »Du sollst ihm siebzig mal sieben Mal vergeben!« Dann erzählte Jesus eine Geschichte:

Ein König wollte mit seinen Verwaltern abrechnen. Ein Mann schuldete ihm einen Millionenbetrag. Aber der konnte seine Schulden nicht zurückzahlen. Deshalb wollte der König nun den gesamten Besitz sowie seine Frau und seine Kinder verkaufen, damit er wenigstens einen Teil der Schuld zurückbekam.

Doch der Mann fiel vor dem König nieder und flehte ihn an, noch etwas Geduld zu haben. Da hatte der König Mitleid und erließ ihm alle Schulden.

Der Mann freute sich sehr, dass er seine ganze Schuld los war.

Findest du die Ameise auf den nächsten Bildern?

Kaum war der Mann frei, ging er zu einem anderen Verwalter, der ihm ein wenig Geld schuldete. Er packte ihn, würgte ihn und schrie: »Bezahl jetzt endlich deine Schulden!«

Da fiel der andere vor ihm nieder und bettelte: »Hab noch ein wenig Geduld! Ich will ja alles bezahlen!«

Aber der Verwalter wollte nicht warten und ließ ihn ins Gefängnis werfen, bis er alles bezahlt hatte.

Als der König von diesem Ereignis erfuhr, ließ er den Verwalter sofort zu sich kommen. Der König sagte zu ihm: »Was bist du für ein Mensch! Deine ganze Schuld habe ich dir erlassen, weil du mich darum gebeten hast. Hättest du da nicht auch mit deinem Kollegen Erbarmen haben können?«

Zornig übergab ihn der König den Folterknechten. Sie sollten ihn erst wieder freilassen, wenn er seine Schulden zurückbezahlt hatte!

Das Gleichnis vom barmherzigen Samariter

Ein Schriftgelehrter fragte Jesus: »Was muss ich tun, um das ewige Leben zu bekommen?« Da sagte Jesus: »Was steht denn darüber im Gesetz Gottes?« Da sagte der Schriftgelehrte: »Du sollst deinen Gott lieben von ganzem Herzen, mit ganzer Hingabe, mit all deiner Kraft und deinem ganzen Verstand. Und auch deine Mitmenschen sollst du so lieben wie dich selbst.«

»Richtig«, sagte Jesus, »tue das, und du wirst ewig leben!« Da fragte der Mann: »Wer gehört eigentlich zu meinen Mitmenschen?« Da erzählte Jesus eine Geschichte:

Ein Mann wanderte von Jericho nach Jerusalem. Unterwegs wurde er von Räubern überfallen. Sie schlugen ihn zusammen, raubten ihn aus und ließen ihn halbtot liegen. Dann machten sie sich davon.

Zufällig kam ein Priester vorbei. Er sah den Mann und ging schnell auf der anderen Straßenseite weiter. Genauso verhielt sich ein Tempeldiener. Er sah zwar den verletzten Mann, aber er blieb nicht stehen, sondern machte einen großen Bogen um ihn. Dann kam einer der verachteten Samariter vorbei. Als er den Verletzten sah, hatte er Mitleid mit ihm. Er beugte sich zu ihm hinunter und behandelte seine Wunden mit Öl und Wein und verband sie. Er brachte den Verletzten zum nächsten Gasthof, wo er den Kranken besser pflegen und versor-

gen konnte. Er bezahlte dem Wirt für die weitere Pflege viel Geld und versprach ihm, bei seiner Rückreise noch mehr zu bezahlen, falls es nicht reichen sollte.

»Was meinst du?«, fragte jetzt Jesus den Schriftgelehrten, »welcher von den dreien hat an dem Überfallenen als Mitmensch gehandelt?«

Der Schriftgelehrte erwiderte: »Natürlich der Mann, der ihm geholfen hat.« – »Dann geh und mache es genauso!«, forderte Jesus ihn auf.

Das Gleichnis vom verlorenen Schaf

Die Pharisäer und Schriftgelehrten ärgerten sich, dass sich Jesus mit Zolleinnehmern und anderen Leuten mit schlechtem Ruf abgab. Da erzählte Jesus eine Geschichte:

Ein Mann hatte eine Herde mit hundert Schafen. Eines Tages merkte er, dass eines fehlte. Der Hirte begann sofort, das verlorene Schaf zu suchen.

Er suchte es überall. Er rief nach ihm. Er gab nicht auf. Auch in der Nacht setzte er die Suche fort. Er suchte so lange, bis er es gefunden hatte.

Als er es schließlich gefunden hatte, war er sehr glücklich. Er trug es auf seinen Schultern nach Hause. Seinen Freunden und Nachbarn rief er zu: »Kommt her und freut euch mit mir, ich habe mein Schaf wieder gefunden!«

Dann sagte Jesus zu den Schriftgelehrten: »So freut man sich auch im Himmel über einen Sünder, der zu Gott umkehrt – mehr als über 99 andere, die nach Gottes Willen leben und nicht zu ihm umkehren müssen.«

Karfreitag und Ostern

Jesus wird als König empfangen

Jesus ließ sich einen Esel bringen. Einige Jünger legten ihre Mäntel über den Esel. Da stieg Jesus auf und ritt nach Jerusalem. Unterwegs breiteten die Menschen ihre Kleider als Teppich vor Jesus aus.

Als sie auf der Höhe des Ölbergs angekommen waren, jubelten und sangen die Menschen. Sie dankten Gott für die vielen Wunder, die Jesus getan hatte. Sie sangen laut: »Gelobt sei der König, der im Auftrag des Herrn kommt. Gott hat Frieden mit uns geschlossen. Lob und Ehre dem Allerhöchsten!«

Einige Pharisäer riefen nun empört: »Lehrer, verbiete das deinen Jüngern!« Jesus antwortete ihnen: »Glaubt mir: Wenn sie schweigen, dann werden die Steine am Wegrand schreien!«

Findest du die Biene auf den nächsten Bildern?

Das Passamahl

Jesus setzte sich mit seinen Jüngern an einen Tisch, der festlich dekoriert war. Er sagte: »Ich habe mich so sehr danach gesehnt, mit euch das Passamahl zu essen, bevor ich leiden muss! Ich werde das Passamahl erst wieder in der neuen Welt Gottes mit euch feiern!«

Dann nahm Jesus das Brot. Er dankte Gott dafür, teilte es und gab es den Jüngern mit den Worten: »Das ist mein Leib, der für euch hingegeben wird. Feiert dieses Mahl immer wieder, und denkt daran, was ich euch getan habe, sooft ihr dieses Brot esst.«

Nach dem Essen nahm er den Wein, reichte ihn den Jüngern und sagte: »Dies ist mein Blut, mit dem der neue Bund zwischen Gott und den Menschen besiegelt wird. Es wird für euch zur Vergebung der Sünden vergossen.«

Jesus sagte noch: »An diesem Tisch sitzt auch der Mann, der mich verraten wird.« Bestürzt fragte einer den anderen: »Wer von uns könnte so etwas tun?«

Im Garten Gethsemane

Nach dem Festmahl verließen Jesus und seine Jünger die Stadt und gingen wie gewohnt zum Ölberg. Er sagte zu seinen Jüngern: »Betet darum, dass ihr der kommenden Versuchung widerstehen könnt!« Jesus betete zu seinem Vater: »Vater, wenn es möglich ist, bewahre mich vor diesem Leiden! Aber nicht, was ich will, sondern was du willst, soll geschehen.«

In der Zwischenzeit waren die Jünger eingeschlafen, obwohl Jesus sie gebeten hatte, wach zu bleiben. Jesus weckte sie und sagte: »Wie könnt ihr jetzt schlafen? Steht auf und betet, damit ihr der Versuchung widersteht!«

Noch während Jesus sprach, kam eine Gruppe von Männern auf sie zu. Sie wurden von Judas angeführt. Judas ging zu Jesus, um ihm einen Kuss zu geben. Es gab eine große Aufregung. Einige Jünger flohen, andere wollten sich für Jesus einsetzen. Doch am Ende wurde Jesus gefangen genommen und abgeführt. Aus Angst ging keiner der Jünger mit Jesus mit.

Petrus behauptet, Jesus nicht zu kennen

Petrus setzte sich im Palast des Hohenpriesters in die Nähe hin, wo Jesus hingebracht wurde. Plötzlich sagte eine Magd: »Der Mann war auch bei Jesus!« Doch Petrus widersprach ihr heftig: »Das ist unmöglich, ich kenne ihn überhaupt nicht!« Noch zwei Mal wurde er von einer Dienerin und einem Mann beschuldigt, ein Anhänger von Jesus zu sein. Petrus stritt es aber energisch ab: »Ich doch nicht! Ausgeschlossen!« Dann krähte der Hahn. Da erinnerte sich Petrus an das, was Jesus vorausgesagt hatte: Bevor der Hahn kräht, werde Petrus drei Mal behaupten, ihn nicht zu kennen.

Da ging Petrus hinaus und weinte voller Verzweiflung.

Die Soldaten brachten Jesus vor das Gericht des Hohenpriesters. Dann wurde er den Römern ausgeliefert. Obwohl Pilatus, der Vertreter der Römer, keine Schuld bei Jesus fand, begnadigte er ihn nicht. Das Volk schrie immer lauter: »Kreuzige ihn!« Da übergab ihn Pilatus den Soldaten, damit sie ihn kreuzigen. Jesus war bereit, diesen Weg zu gehen.

Jesus wird gekreuzigt

Jesus wurde mit zwei Verbrechern zusammen ans Kreuz geschlagen. Er selber war in der Mitte. An seinem Kreuz wurde eine Tafel befestigt. Darauf stand: »König der Juden.« Jesus betete: »Vater, vergib ihnen, denn sie wissen nicht, was sie tun.« Einige Soldaten spielten ein Glücksspiel. Wer gewann, durfte die Kleider von Jesus behalten. Sie spotteten: »Wenn du der König der Juden bist, dann rette dich doch selbst!« Einer der Verbrecher sagte zu Jesus: »Denk an mich, wenn du in dein Königreich kommst.« Da antwortete ihm Jesus: »Ich versichere dir: Noch heute wirst du mit mir im Paradies sein.«

Am Mittag wurde es im ganzen Land plötzlich drei Stunden lang dunkel. Dann schrie Jesus noch einmal laut: »Vater, in deine Hände gebe ich meinen Geist!« Dann starb er. In dem Moment zerriss im Tempel der Vorhang zum Allerheiligsten von oben nach unten. Der römische Hauptmann, der beim Kreuz stand, sagte: »Er war wirklich Gottes Sohn!«

Jesus wird begraben

Josef, ein Mann aus Arimathäa, hatte von Pilatus die Erlaubnis, Jesus zu begraben. Nikodemus, ein Ratskollege, half ihm dabei. Beide waren überzeugt, dass Jesus Gottes Sohn war. Sie hatten bei der Verurteilung nicht zugestimmt. Sie salbten Jesus ein, wickelten ihn in ein feines Leinentuch und legten ihn in ein neues Grab, das eben in den Felsen gehauen worden war. Auch einige Frauen sahen zu, wie sie Jesus ins Grab legten. Dann kehrten sie alle in die Stadt zurück.

Jesus lebt

Früh am übernächsten Morgen gingen einige Frauen zum Grab, weil sie den Leichnam mit wohlriechenden Salben und Ölen einbalsamieren wollten. Doch der Stein, den man vor das Grab gerollt hatte, war weg. Als sie in das Grab kamen, fanden sie keinen Leichnam. Verwirrt überlegten sie, was sie nun tun sollten. Da traten zwei Männer in glänzenden Kleidern zu ihnen. Die Frauen erschraken und wagten nicht, die beiden anzusehen. »Warum sucht ihr den Lebenden bei den Toten?«, fragten die Männer. »Er ist nicht hier, er ist auferstanden!«

Da erinnerten sich die Frauen an die Voraussagen von Jesus. Er hatte davon erzählt, dass er am dritten Tag wieder auferstehen würde. Sie liefen in die Stadt zurück, um den elf Jüngern und den anderen Freunden von Jesus zu berichten, was sie erlebt hatten.

Aber die Jünger hielten ihren Bericht für leeres Gerede und glaubten den Frauen kein Wort. Nur Petrus und Johannes rannten zum Grab, um es selbst zu sehen.

Jesus begegnet zwei Jüngern auf dem Weg nach Emmaus

Am selben Tag wanderten zwei Jünger nach Emmaus. Unterwegs redeten sie über die Ereignisse der vergangenen Tage. Während sie miteinander redeten, kam Jesus und ging mit ihnen weiter. Aber sie erkannten ihn nicht. Sie sprachen lange miteinander, und als es Abend geworden war, sagten die beiden Jünger zu Jesus: »Bleibe doch über Nacht bei uns. Es ist ja schon dunkel.«

Als sie sich zum Essen niedergelassen hatten, nahm Jesus das Brot, dankte dafür, teilte es in Stücke und gab es ihnen. Da plötzlich erkannten sie ihn. Doch in dem Moment verschwand er vor ihren Augen.

Ohne Zeit zu verlieren, liefen sie sofort nach Jerusalem zurück. Dort waren die elf Jünger und andere Freunde von Jesus. Von ihnen wurden sie mit den Worten begrüßt: »Der Herr ist tatsächlich auferstanden. Simon Petrus hat ihn gesehen!« Nun erzählten die beiden, was auf dem Weg nach Emmaus geschehen war und dass sie ihren Herrn daran erkannt hatten, wie er das Brot austeilte.

Jesus zeigt sich den Jüngern

Die Jünger hatten aus Angst die Türen abgeschlossen. Trotzdem war plötzlich Jesus bei ihnen, und er grüßte sie: »Friede sei mit euch!« Dann zeigte er ihnen die Wunden in seinen Händen und an seiner Seite. Als die Jünger ihren Herrn sahen, freuten sie sich sehr.

Thomas, einer der Jünger, war nicht dabei. Deshalb erzählten die Jünger ihm später: »Wir haben den Herrn gesehen!« Doch Thomas zweifelte: »Das glaube ich nicht! Ich glaube es erst, wenn ich seine durchbohrten Hände gesehen habe.« Acht Tage später saßen die Jünger wieder beisammen. Diesmal war Thomas dabei. Obwohl wieder alle Türen verschlossen waren, stand Jesus plötzlich in ihrer Mitte. Er wandte sich an Thomas und sagte: »Lege deine Finger auf meine durchbohrten Hände! Gib mir deine Hand und lege sie an meine Seite! Zweifle nicht länger, sondern glaube.« Thomas antwortete: »Mein Herr und mein Gott!« Jesus sagte zu ihm: »Du glaubst, weil du mich gesehen hast. Wie glücklich können die sein, die mich nicht sehen und trotzdem glauben!«

Himmelfahrt

Jesus sprach nochmals zu den Jüngern. Er sagte: »Gehet hinaus in die ganze Welt und ruft alle Menschen dazu auf, mir nachzufolgen. Tauft sie im Namen des Vaters, des Sohnes und des Heiligen Geistes! Lehrt sie, so zu leben, wie ich es euch aufgetragen habe. Ihr dürft sicher sein: Ich bin immer bei euch, bis das Ende dieser Welt gekommen ist!«

Jesus führte seine Jünger von Jerusalem nach Betanien. Er segnete sie mit erhobenen Händen. Noch während er sie segnete, entfernte er sich von ihnen und wurde zum Himmel emporgehoben.

Eine Wolke verhüllte ihn vor ihren Augen, und sie sahen ihn nicht mehr.

Findest du die Wespe auf den nächsten Bildern?

Zwei Engel stehen bei den Jüngern

Noch während sie überrascht nach oben blickten, standen auf einmal zwei weiß gekleidete Männer bei ihnen. »Ihr Galiläer«, sprachen sie die Jünger an, »was steht ihr hier und seht zum Himmel? Gott hat Jesus aus eurer Mitte zu sich in den Himmel genommen. Aber er wird eines Tages genau so zurückkommen.«

Danach kehrten sie nach Jerusalem zurück. Sie gingen immer wieder in den Tempel, um Gott zu loben und zu danken.

Apostelgeschichte

Pfingsten

Bis zum Beginn des jüdischen Pfingstfestes blieben alle Jünger beieinander. Plötzlich kam vom Himmel her ein Brausen wie von einem gewaltigen Sturm und erfüllte das ganze Haus, in dem sie sich befanden. Gleichzeitig sahen sie etwas wie ein züngelndes Feuer, das sich auf jedem Einzelnen von ihnen niederließ. So wurden sie alle mit dem Heiligen Geist erfüllt und redeten in fremden Sprachen, jeder so, wie es ihm der Geist eingab. Zum Fest waren viele fromme Juden aus aller Welt nach Jerusalem gekommen. Als sie das Brausen hörten, liefen sie von allen Seiten herbei. Fassungslos hörte jeder die Jünger in seiner eigenen Sprache reden. »Wie ist das möglich?«, riefen sie außer sich. »Alle diese Leute sind doch aus Galiläa, und nun hören wir sie in unserer Muttersprache reden.« Einige spotteten: »Die haben doch nur zu viel getrunken!«

Dreitausend Menschen glauben neu an Jesus

Inzwischen war eine große Menschenmenge versammelt. Da stand Petrus auf und predigte zu den Menschen. Er erzählte ihnen von Gott und von Jesus. Da rief einer aus der Menge: »Brüder, was sollen wir tun?« Petrus antwortete: »Kehrt um zu Gott! Jeder von euch soll sich auf den Namen von Jesus Christus taufen lassen, damit Gott eure Sünden vergibt und ihr den Heiligen Geist empfangt. Das alles ist euch, euren Nachkommen und den Menschen in aller Welt versprochen!«

Viele Zuhörer glaubten, was Petrus ihnen sagte, und ließen sich taufen. Etwa dreitausend Menschen wurden an diesem Tag in die Gemeinde aufgenommen.

Gott heilt einen Gelähmten

An einem Nachmittag um drei Uhr gingen Petrus und Johannes wie gewohnt in den Tempel, um zu beten. Am Tor saß ein Gelähmter. Der Mann hatte nie laufen gelernt und bettelte dort jeden Tag.

Als Petrus und Johannes den Tempel betreten wollten, bat er auch sie um Geld. Doch Petrus sagte: »Schau uns an! Geld habe ich nicht. Aber was ich habe, will ich dir geben. Im Namen von Jesus Christus von Nazareth: Steh auf und geh!« Dabei fasste er den Gelähmten an der rechten Hand und richtete ihn auf. Im selben Augenblick konnte der Mann seine Füße und Gelenke gebrauchen.

Der geheilte Mann sprang auf, lief einige Schritte hin und her und ging dann mit Petrus und Johannes in den Tempel. Außer sich vor Freude rannte er umher, sprang in die Luft und lobte Gott.

So sahen ihn die anderen Tempelbesucher. Sie erkannten, dass es der Bettler war, der immer am Schönen Tor gesessen hatte. Fassungslos starrten sie den Geheilten an. Wieso konnte er jetzt laufen?

Einige Priester standen auch dabei. Sie waren nicht erfreut darüber, dass Petrus und Johannes dies im Namen von Jesus getan hatten!

Petrus wird verhaftet

Während des Festes der ungesäuerten Brote ließ Herodes Petrus gefangen nehmen. Er wollte sich mit der Verhaftung bei den religiösen Führern beliebt machen. Man warf ihn ins Gefängnis. Dort bewachten ihn ununterbrochen vier Soldaten. Nach dem Passafest wollte Herodes ihm den Prozess machen. Die Gemeinde in Jerusalem betete aber für den Gefangenen. Petrus war an zwei Soldaten angekettet. Außerdem bewachten noch zwei weitere Soldaten vor der Zelle den Gefangenen.

Petrus wird befreit

Plötzlich betrat ein Engel des Herrn die Zelle und Licht erfüllte den Raum. Der Engel weckte Petrus und sagte zu ihm: »Schnell, steh auf!« Auf einmal fielen Petrus die Ketten von den Handgelenken.

Petrus ging hinter dem Engel aus der Zelle. Aber die ganze Zeit über konnte er nicht glauben, dass all dies wirklich geschah. Er meinte, er hätte einen Tagtraum. Doch sie passierten die erste Wache, dann die zweite und kamen schließlich an das schwere Eisentor, das zur Stadt führte. Es öffnete sich von selbst vor ihnen. Nun hatten sie das Gefängnis verlassen und bogen in eine schmale Straße ein. Da verschwand der Engel, und erst da begriff Petrus: »Der Herr hat mir tatsächlich seinen Engel geschickt, um mich aus der Gewalt des Herodes zu retten. Die Leute werden vergeblich auf meine Hinrichtung warten!«

Petrus verlässt Jerusalem

Petrus überlegte und ging nach seiner Befreiung zuerst zu dem Haus, wo viele aus der Gemeinde versammelt waren und für seine Freilassung beteten.

Petrus klopfte an die Tür. Ein Mädchen, das Rhode hieß, wollte hören, wer da war. Sie erkannte Petrus sofort an der Stimme, vergaß aber vor lauter Freude, die Tür zu öffnen und kehrte ins Haus zurück. »Petrus steht vor der Tür!«, rief sie. Aber die anderen meinten: »Du musst dich irren!« Aber sie blieb bei ihrer Behauptung. Jetzt vermuteten einige: »Vielleicht ist es ein Engel!«

Petrus hörte nicht auf, an die Tür zu klopfen, bis sie endlich aufmachten. Als sie Petrus erkannten, gerieten sie vor Freude außer sich. Er berichtete alles, was er erlebt hatte. Dann verließ Petrus Jerusalem, um sich in Sicherheit zu bringen.

Auf dem Weg nach Damaskus

Saulus verfolgte mit grenzenlosem Hass alle, die an Jesus glaubten. Er ließ sich vom Hohenpriester eine Bewilligung geben, damit er auch alle Christen in Damaskus fangen und nach Jerusalem bringen konnte. Dann reiste er ab.

Kurz vor Damaskus umgab Saulus plötzlich ein blendendes Licht vom Himmel. Er stürzte zu Boden und hörte eine Stimme: »Saul, Saul, warum verfolgst du mich?« – »Wer bist du, Herr?«, fragte Saulus. »Ich bin Jesus, den du verfolgst!«, antwortete die Stimme. »Steh auf und geh in die Stadt. Dort wird man dir sagen, was du tun sollst.« Die Begleiter von Saulus waren sprachlos.

Als Saulus aufstand und die Augen öffnete, konnte er nichts mehr sehen. Da nahmen sie ihn an der Hand und führten ihn nach Damaskus. Sie brachten ihn in ein Haus.

Findest du den Falter auf den nächsten Bildern?

Hananias legt Saulus die Hände auf

Gott gab Hananias den Auftrag, sich um Saulus zu kümmern. Zuerst hatte Hananias Bedenken, denn er hatte von Saulus' schlimmen Taten gehört. Doch Gott sagte zu ihm: »Geh nur! Ich habe diesen Mann dazu auserwählt, mich bei allen Völkern und Herrschern der Erde, aber auch bei den Israeliten bekannt zu machen.« Hananias gehorchte und ging zu Saulus. Er legte ihm die Hände auf und sagte: »Lieber Bruder Saulus, Jesus, der dir unterwegs erschienen ist, hat mich zu dir geschickt, damit du mit dem Heiligen Geist erfüllt wirst und wieder sehen kannst.«

Im selben Augenblick fiel es Saulus wie Schuppen von den Augen und er konnte wieder sehen. Er stand auf und ließ sich taufen. Nachdem er gegessen hatte, erholte er sich schnell.

Saulus muss fliehen

Einige Tage blieb Saulus bei der Gemeinde in Damaskus. Er predigte in den Synagogen. Seine Zuhörer waren fassungslos. Sie fragten: »Hat er nicht in Jerusalem alle, die sich zu Jesus bekennen, erbarmungslos verfolgt?« Auch die führenden Juden waren verwirrt, und sie beschlossen, Saulus zu töten.

Aber er erfuhr von ihren Plänen. Weil sie die Stadttore Tag und Nacht bewachten, ließen einige aus der Gemeinde ihn nachts in einem Korb die Stadtmauer hinunter. Saulus floh.

Saulus wird Missionar

Einige Jahre später waren einige Männer in Antiochia zusammen und beteten. Dabei sprach der Heilige Geist zu ihnen: »Gebt Barnabas und Saulus für die Aufgabe frei, zu der ich sie berufen habe!« Da fasteten und beteten sie, legten Barnabas und Saulus die Hände auf und sandten sie zum Missionsdienst aus.

Sie reisten zuerst nach Zypern, dann weiter nach Perge und Antiochia. Unterwegs stellte sich Saulus den Leuten mit seinem römischen Namen Paulus vor. Sie besuchten viele Städte und Dörfer und predigten überall von Jesus und riefen die Leute auf, an ihn zu glauben. Viele Menschen glaubten und ließen sich taufen.

Sie gewannen auch immer wieder neue Mitarbeiter dazu. Ihr Weg führte sie bis nach Europa. In Philippi entstand die erste europäische christliche Gemeinde.

Paulus und Silas im Gefängnis

Durch ihre Missiontätigkeit trafen sie aber immer wieder auf großen Widerstand. Weil sie eine Sklavin, die von einem bösen Geist besessen war, im Namen von Jesus davon befreiten, wurden Paulus und Silas vom Besitzer dieser Frau angeklagt. Paulus und Silas wurden ausgepeitscht und ins Gefängnis geworfen. Man gab dem Aufseher die Anweisung, die Gefangenen besonders gut zu bewachen. Er sperrte die beiden Missionare in die sicherste Zelle und schloss zusätzlich ihre Füße in einen Holzblock ein. Gegen Mitternacht beteten Paulus und Silas. Sie lobten Gott laut, und die übrigen Gefangenen hörten ihnen zu.

Ein Erdbeben erschüttert das Gefängnis

Da erschütterte ein gewaltiges Erdbeben das Gefängnis bis in die Grundmauern. Alle Türen sprangen auf, und die Ketten der Gefangenen zerbrachen.

Der Gefängnisaufseher wurde aus dem Schlaf gerissen und sah, dass die Zellentüren offen standen. Voller Schrecken zog er sein Schwert und wollte sich töten, denn er dachte, die Gefangenen seien geflohen. »Töte dich nicht!«, rief Paulus laut. »Wir sind alle hier.« Der Gefängnisaufseher eilte in die Zelle, wo er sich zitternd vor Paulus und Silas niederwarf. Dann führte er die beiden heraus und fragte sie: »Ihr Herren, was muss ich tun, um gerettet zu werden?«

»Glaube an den Herrn Jesus, dann werden du und alle, die in deinem Haus leben, gerettet«, erwiderten Paulus und Silas. Sie verkündeten ihm und allen anderen die rettende Botschaft Gottes. Der Gefängnisaufseher reinigte die Wunden von Paulus und Silas. Er ließ sich mit allen, die zu ihm gehörten, taufen.

Danach durften Paulus und Silas unbesorgt die Stadt verlassen.

Paulus wird gefangen genommen

Später wurde Paulus in Jerusalem gefangen genommen. Weil er römischer Bürger war, sollte Paulus nach Rom gebracht werden. Die Soldaten brachten ihn auf ein Schiff, das nach Italien segelte.

Das Schiff kam nur sehr langsam voran. Es war Herbst, und die Seefahrt wurde wegen der Winterstürme gefährlich. Paulus warnte die Leute davor. Sie wollten aber nicht auf ihn hören. Doch bald schlug das Wetter um. Der gefürchtete Nordsturm kam auf und trieb das Schiff auf das offene Meer hinaus. Vergeblich versuchte die Mannschaft, Kurs zu halten. Der Sturm wurde so stark, dass die Besatzung einen Teil der Ladung über Bord werfen musste, tags darauf sogar die Schiffsausrüstung.

Der Sturm dauerte bereits vierzehn Tage. Keiner glaubte mehr an Rettung. Doch Paulus sagte: »In der letzten Nacht stand neben mir ein Engel von Gott. Er sagte: ›Fürchte dich nicht, Paulus. Du wirst vor den Kaiser gebracht werden. Und alle anderen auf dem Schiff wird Gott deinetwegen am Leben lassen.‹«

Auf der Insel Malta

Am nächsten Morgen entdeckten sie eine Küste mit flachem Strand. Sie wussten nicht, wo sie waren. Sie fuhren auf eine Sandbank auf. Dabei zerbrach das Schiff in zwei Teile. Zuerst verließen die Schwimmer das Schiff und schwammen ans Ufer. Diejenigen, die nicht schwimmen konnten, hielten sich an einem Balken fest und ließen sich ans Ufer treiben. Auf diese Weise konnten sich alle retten.

Als alle in Sicherheit waren, erfuhren sie, dass sie auf der Insel Malta gestrandet waren. Die Bewohner waren sehr freundlich. Weil es kalt war und regnete, zündeten sie für sie ein Feuer an. Paulus sammelte trockenes Reisig und warf es ins Feuer. Von der Hitze aufgescheucht, fuhr plötzlich eine giftige Schlange heraus und biss sich an seiner Hand fest. Die Inselbewohner glaubten, Paulus sei ein Mörder und das sei nun die Strafe der Göttin. Paulus schleuderte das Tier ins Feuer. Die Inselbewohner warteten nun gespannt, wie der Arm von Paulus anschwellen und er tot umfallen würde. Doch es passierte nichts. Jetzt änderten die Inselbewohner ihre Meinung und sagten: »Er muss ein Gott sein!«

Paulus heilt

Ganz in der Nähe der Küste lag das Landgut, das dem Statthalter der Insel gehörte. Er hieß Publius. Von ihm wurden sie freundlich aufgenommen. Sie blieben drei Tage bei ihm. Der Vater von Publius hatte die Ruhr und Fieber. Paulus ging zu ihm. Er legte ihm die Hände auf und betete. Da wurde er wieder gesund. Als das bekannt wurde, kamen auch die anderen Kranken der Insel und ließen sich heilen.

Nach drei Monaten brachten die Soldaten Paulus weiter nach Rom. Dort lebte er zwei Jahre unter Hausarrest in einer Wohnung. Ein Soldat musste ihn bewachen. Aber viele Menschen kamen zu ihm auf Besuch. Ihnen erzählte er von Jesus und wie Gott jetzt seine Herrschaft aufrichtet.

Über die Autoren

Claudia Kündig

Claudia Kündig ist verheiratet mit Ruedi Kündig (Bibellesebund) und hat vier Töchter. Sie ist gelernte Grundschullehrerin und hatte einige Jahre auf ihrem Beruf gearbeitet, davon drei in Westafrika. Heute wohnt Claudia Kündig mit ihrer Familie in Bichelsee TG, wo sie eine Malschule betreibt und als freischaffende Künstlerin Großwand- und Bühnenbilder malt sowie Computergrafiken und Logos erstellt. Sie illustrierte für Adonia unter anderem die CD-Serie «ChinderHörspiel-Bible». Zudem erfindet sie Bastel- und Rätselmappen zu biblischen Geschichten. Mit ihrem Mann betreibt sie einen biblischen Theaterverleih, durch den sie mit verschiedenen Christen aus der ganzen Schweiz in Kontakt kommt.

Markus Hottiger

Markus Hottiger ist verheiratet mit Vroni und hat vier erwachsene Söhne. Er ist gelernter Grundschullehrer. 1979 gründete er die Kinder- und Jugendfreizeitorganisation Adonia, die jedes Jahr über 50 Musik- und Sportcamps durchführt. Seither hat er mehr als 1000 Lieder komponiert und viele Musicals geschrieben. Besonders beliebt sind seine Musicals zu biblischen Personen. Über 35 Jahre leitete er die Adonia-Arbeit in der Schweiz. Nebst seiner musikalischen Tätigkeit ist er Autor von Kinderbilderbüchern.

Die «ChinderHörspielBible»
in Schweizer Mundart

Die Bilder dieser Kinderbibel entstammen der schweizerdeutschen CD-Serie «ChinderHörspielBible». Alle wichtigen Geschichten der Bibel sind als Hörspiel auf 20 CDs zu hören. Jede CD besteht aus dem biblischen Hörspiel, einem fiktiven Interview mit einer biblischen Person und Hintergrundinformationen zur Geschichte, der Soap «Familie Keller» aus der heutigen Zeit und einem Sketch der Bauchrednerin Brigä mit ihrer Puppe Adonette. Auf dem CD-ROM-Teil befinden sich eine erzählte Bilderbuchanimation, der Adonette-Sketch als Film sowie Ausmalbilder zum Ausdrucken.